也許我們會犯錯、走歪了路，

甚至失敗跌倒，

但這不等於我們便不再

活在上帝的旨意裏，

上帝已對我們掩面不顧。

——梁家麟

給柳萍，

紀念我們在上帝

厚賜的八年歲月裏，

共嘗各樣的甘苦，

一起拾掇上帝

埋藏在生活中細碎的恩典。

信念再思叢書

梁家麟書系

憑誰意行？

基道出版社

▼

信念再思叢書 • 梁家麟書系

憑誰意行？

Have My Own Way

作者
梁家麟 Leung, Ka-lun

責任編輯
鍾樹輝

裝幀設計
羅美玉、伍愛清、莫可雅

■

出版／發行
基道出版社
香港沙田火炭坳背灣街 26 號富騰工業中心 1011 室
LOGOS PUBLISHERS
Unit 1011, Fo Tan Ind. Centre, 26 Au Pui Wan St., Shatin, Hong Kong
電話：(852) 2687-0331　傳真：(852) 2687-0281
網址：https://www.logos.com.hk

承印
陽光（彩美）印刷公司

●

9/1992 初版　3/1993 二版　2/1994 三版
5/1995 四版　11/1997 五版　6/2001 六版
Cat. No. LP314-6B
ISBN-10: 952-457-042-6
ISBN-13: 978-962-457-042-7

刷次	11	10	9	8	7	6	5
年份	2025	2024	2023	2022	2021	2020	2019

目錄

寫在系列前面

基道出版社

就憑空間我要寫甚麼？有甚麼該寫而又非寫不可？我說不上來。但每次安坐在凌亂至無一寸淨土的書桌前，心靈便有安頓踏實的感覺。我喜歡用筆在捧讀的書本上畫線打圈，在廢紙背面塗鴉整理思緒，也用文字表達自己的思想感情。心隨筆至，適意自在。上帝大概是公平的，祂給我一張結巴巴的嘴，說話繞圈半天仍不著邊際，但又供應我一枝尚可抒情寫意的原子筆。

我愛讀書與寫字。一天倘若花上全部時間在教學及行政之上，那怕做的是再轟烈的事，也教我有不務正業、不學無術的失落感。前人說一日不讀書便面目可憎，我深切共鳴之。故此，不明白的人會奇怪我如何在一切正務庶務聖事俗事之上，尚有餘力讀書寫字，是否眞箇刻苦自勵、好學不倦。知我者便了解：我只是在書桌前才尋回自己，而我正在努力尋回自己吧。

我非常慶幸活在一個不乏思想沖激、也不乏話題的時代裏，更慶幸自己關注的東西在同時代的人中間找到共通的對話處。我喜歡在自說自話之餘假裝與「某些人」對話，喜歡你們就是「某些人」。是你們的存在及回應，教我肯定所做的微不足道的小技細作，仍算參與在這個時代中，仍算償報上帝的恩情。

早在一九九一年《另一種信仰?》出版前,便與基道出版社談過有關出版獨立系列的構想。但那時仍未能承諾每年出版兩本書，也未知市場對這個構想的接受程度，故決定暫緩一陣，待時機成熟才予落實。及至《憑誰意行？》出版後，得到相當不錯的反應，才敢將這個系列獻呈出來。

這個系列是給我做思想整理的小園子。我認定任何神學研究均是爲教會服務的。是教會賦予神學研究的資格，決定甚麼是該研究的話題，限制研究的幅度與向度，並且也最終審定一切研究成果是否合法、是否被認受。我希望自己的思想整理亦遵循以上的限定，即在教會裏、爲教會服務，也接受教會審定。我會將自己的思考及參照的理論用較淺白的文字闡述出來，除去被大堆神學詞彙及冗贅的陳述模式層層裹住的神祕外衣，使原來並不複雜的神學思想能夠為一般信徒所理解及欣賞，並且兌現在教會生活上。為此，每本書都各自為獨立單元，並盡可能在十萬字以下。它們之間未必有鮮明的關聯，但總有其內在的承上啓下的脈絡與線索。畢竟你不能期望我每年都來一個大變身。

在此我要多謝　　　　　蔡桂球先生、張小鳴先生及一衆編美同工在各方面的配合，沒有他們在明處暗處的承擔，這個小園地就無法營建出來。建道神學院提供給我讀書寫字的空間，許多至愛友人的提點激勵，也是我心深銘謝的。

一九九三年二月二十二日

小序

我沒有拯時救世的大志，既不能也不欲向整個時代說話，但卻非常熱中投入自己服事的小羣體，包括我的學生與會友在內，希望能分享分擔他們的喜怒哀樂，因爲他們也受到這個時代的信仰問題所困擾。對我而言，能夠在一個熟悉的小羣體裏，給人接納我結巴巴的口舌，容忍我恆常做的迂迴曲折的推證（把簡單的問題複雜化，說了半天還沒有答案），體諒我有時甚至坦白地承認沒有答案，實在是莫大的福氣，而這也僅是在如此熟悉的小羣體裏才能做到。因此，我愈來愈抗拒在外面的世界拋頭露面經受風雨，只樂意躲在自己的小廟裏做個快樂的小「廟祝」。回顧過去三年，一切（對我而言）重要的神學問題均是在小羣體裏產生的；一切（對我而言）重要的想法也是在小羣體內形成的，而最主要的思想「接生所」是教會的講壇，神學院的辦公室和書房，只成了我整理問題及思索答案的工場，訂單還是由教會提供的。

這本小書也是如此促成的。先是教會裏一位小姊妹因感情問題，牽涉入失戀是否出於違抗上帝旨意的神學爭論裏，身爲牧者的我，在極爲焦躁的情況下寫了「如何尋求上帝的旨意」一文，本意僅爲在教會內澄清此問題，後來輾轉決定將之發表，刊登在《時代論壇》上（236及237期，1992年3月8日及15日）。發表後引來相當不少的討論，直接間接地傳來許多反對的意見，長者友儕皆善意地規勸我加以澄清一下，以免招惹不必要的誤會，但細讀數遍，都看不出有甚麼需要澄淸的地方，故也不欲再辯。孰知有次到某中學跟一些基督徒老師分享，他們竟要求我放棄原定的講題，改與他們討論這篇富爭論性的文章。那天晚上回家後感觸良多，終於下定心志用較長的篇幅將之重寫，以便將一些論據背後的神學推論也詳細交代，結果嘛，八千字擴增至五萬多字，論點完全沒變，就是多費了唇舌。

「如何尋求上帝的旨意」是一個古老的神學課題，歷來加以討論的文章書刊已不少，問題扯來扯去，似乎甚難有統一答案的可能。筆者也不敢自信這本小書能徹底地將問題拍板了結，但既然促成這本小書的導因是自己教會內存在着的困擾，能針對性地處理了這個困擾便已算盡了責任，本書能否延之久遠，就根本不是個人關心的事情了。

上帝明鑑。

一九九二年六月三日

第一章
為何需要尋求上帝的旨意?

基督徒行事爲人求問上帝的旨意，這是既自然又必須的事。

爲何尋求

倘若我們對信仰眞誠執着，認定信仰是與我們生死攸關的頭號大事，而非無關痛癢的生活點綴，則我們必然關心信仰在每一個生活處境裏對我們的要求，也必要在生活場景裏發掘信仰的意義。

倘若我們對上帝順從效忠，宣認祂是我們全人的主，掌管我們生命的每個層面，有絕對的發言權，則我們在作任何那怕是最微細的決定時，便斷不能自把自爲，彷彿生命主權是在自己手中，卻必須徵詢上帝的意見，尋求祂的指示了。

倘若我們不欲做一個虛僞分裂的人，擁有

雙重性格或面具，則所信與所行便須相一致，信仰與生活也要和諧無間。我們在教會內待人處事的態度，也應該在家庭、學校、辦公室及社會每個角落，同樣地表現出來。但是，在辦公室裏作基督徒，要比在教堂之內作的難度高很多，由於商業社會的遊戲規則與基督信仰有着懸殊的差異，聖經的倫理要求便不是那麼簡單直截的就兑現了，許多複雜的兩難處境、難捨難割的利益矛盾，都會教我們舉步維艱，無法覓得兩全其美的出路。在這個時候，我們便只好呼求上帝，渴望祂直接介入，清晰地給我們導引。我們需要尋求上帝的旨意。

當然，儘管是再敬虔的基督徒，也不可能事無大小，凡事都徵詢上帝的意見的，畢竟每日生活裏要作的決定太多，早上出門坐甚麼交通工具、在餐廳點哪款早餐，以至踏進辦公室後一大堆排山倒海而來的決策事務，根本就不容許我們每事停駐，探求上帝就該項抉擇所作的啓示（即使上帝有空，我們也沒空）。所以，要是我們能在起牀前或開始工作前，做個簡單的祈禱，廣泛而非具體地懇求上帝給我們足夠的信心和智慧，應付一日所需，便已很不錯了。不住祈禱只是一個心態的描述，並非具體行為的寫照。

但是，一旦我們遭逢人生某些重要的抉

擇，諸如升學、就業、擇偶，以至奉獻念神學等等，「我是否已清楚上帝的心意？」，便成了至爲迫切、急待釐清的問題。[1]一方面，這些抉擇關涉太廣、影響太嚴重，以致我們不敢遽下決定，即使有某些想法，也對自己無絕對的信心。另一方面，如升學、就業、移民等重大抉擇，通常都不會是只得一個出路，別無其他考慮餘地的，並且很可能幾個選擇都各有利弊，教人難以取捨，而非黑白分明，清楚利落；如此，我們就不能不踟躕卻步，心猿意馬了。將抉擇權交付給上帝，好推卸自己的責任，減低因作抉擇而帶來的焦慮（沙特[J. P. Sartre]說的自由的怖慄感），便是最佳的出路。第三方面，是出於敬虔的考慮。我們在要作出一項重要的抉擇前，通常都會先徵詢父母或其他長輩的意見，這是對他們尊重的表現，若上帝是我們生命的主，則怎麼能妄自逕作，不先請示祂一下，聽候祂的綸音妙旨呢？不管是基於上述三個理由的哪一項，總之，在遭逢人生重大抉擇的關頭時，我們必然會迫切地尋求上帝的旨意。求問的迫切性，與問題的嚴重性成正比例。

在風調雨順、平安無事的日子，基督徒也許不會恆常地探問上帝的旨意，但在遭遇患難，或須爲前途作某項重要的決定時，則這樣的祈求便會熾烈緊迫。無論如何，或多或寡，尋求上帝的旨意，總是一個眞實基督徒屬靈生命不可分割的部分。一個從不求問，甚或從不祈禱的人，絕不可能是以上帝爲上帝，心口如一的眞實信徒。

為何要尋求上帝的旨意，似乎是個不應發問、理所當然的問題。

如何尋求

但是，了解求問上帝旨意的必須性，卻不等於便解決了整個課題，因爲問題的關鍵不在於應否尋求，而在於如何尋求。「如何尋求上帝的心意」，才是每個基督徒都曾被困擾、老生常談的題目。

打從返中學團契，或主日學初班開始，這個經典問題便已恆常被討論，備受關注。或者是由團契導師和主日學老師主動提出，以爲討論及教導；或者是由團友或主日學學生提問，好處應他們當前碰到的升學（報讀文組理組、選甚麼學校或系別）及感情（交友、戀愛、婚姻）的困擾。就筆者過去的經驗來說，以上的討論通常是不會有甚麼出路的，反正任憑導師們再費唇舌，也無法爲人提供一條簡易的尋求上帝旨意的公式，頂多是敎我們多讀經、多禱告、多與屬靈長者傾談吧。這些建議之空泛無力，就好像有人就基督徒應否跳舞（或看電影、吸煙……）來作詢問，結果得回一句「凡事都可行，但不都有益處」一樣，根本無從在現實生活裏兌現。要是我努力讀經都找不到該報文組理組的直接指示、再恆切祈禱也得不到上帝是否准許我往外國升學的聲音，又或者不同的屬靈長者的意見並不統一，人言人殊時，那我該怎麼辦呢？等待下去？呈交申請表格的截止日期可不由我決定啊！

尤有進者，如何確定上帝的旨意，到底應該用「狹義定義」(narrow construction) 抑或「廣義定義」(broad construction) 來評估定奪呢？所謂「狹義定義」，就是說「若上帝不直接指引，命令我怎樣怎樣作，我則不作」；而「廣義定義」則恰好相反，是「上帝若不橫加阻撓，禁止我去做某件事，我便可以安心照做」。兩種定義，皆有它們固定的市場。一般來說，碰到一些我們不完全心甘情願的感動或抉擇，譬如要放下我們的職業，投身傳道的行列，我們都會選擇「狹義定義」，即上帝的旨意須顯明在祂直接的啓示，及某些神蹟性的證據之上。我們要求上帝顯靈報夢，或給予我們若干可資倚憑的確據：一篇講道、一節金句、父母的讚許、經濟困難迎刃而解……，然後才肯踏上行動。但對於那些我們自己非常渴想，只是心底裏尚存有若干不肯定或不安的抉擇，譬如移民海外，則「廣義定義」便是最實惠的考慮了。我已決定了移民某國（當然不會打開地圖亂指一通），又逕自拿了表格辦理各樣手續，只要整個過程順利無礙，至終得到移民批准，我便假設這是合乎上帝的心意，甚至是祂協助促成了。如此用哪個定義來判別上帝的旨意，端在於我們一心之去留行止，並無任何客觀定準，眞是方便得很。

由於如何確定上帝的旨意，好像是個沒完沒了、永遠得不到答案的討論，於是乎，許多年事漸長、曾經滄海的基督徒，乾脆就將這個問題擱諸腦後，不再提問了。反正尋求也是白費心機，不若便坦然接納世俗化是我們生活的事實，一切自力更生、自給自足，根本不期望有超自然力量的介入和干預。我們就在俗世裏做世俗化的基督徒。

如何尋求上帝的旨意，是否一個無法求得答案的問題？

註釋

1. 美國《今日基督教》(*Christianity Today*)曾做過一個讀者調查，了解他們所最關注的信仰問題，結果發現「如何知道上帝在我生命裏的計劃」是關注率第二高的問題，佔了四百七十五名隨機抽樣受訪者中的百分之六十二，可見這個問題的永恆性與時代性。見 David Nelf, ed., *Tough Questions Christians Ask* (Wheaton: Victor Books, 1989)，頁 9 ～ 10。

第二章
成敗論英雄

從失戀談起

最近教會有一位姊妹失戀，非常沮喪，需要別人為她開解療傷，而我也跟她談了好幾次。在她工作的地方，有一位年長的基督徒，由於看見她終日悶悶不樂的樣子，便追問她發生何事。姊妹除了說與男朋友分手外，便不肯再提整件事，只推說教會的牧師正與她處理這事，不欲多言。那位年長的基督徒卻鍥而不舍地再問她在拍拖之前，有沒有先求問上帝的旨意。姊妹想了想，坦白地回答說：「沒有」（這本來就是個誤導性的問題，既然分手了，整段感情理所當然地便不符合上帝的旨意呢，怎麼還好說在拍拖前已清楚上帝的心意；倘若姊妹堅決說清楚上帝的旨意，則她還要解釋為何這個預先的認定，竟與日後的事情發展不相吻合呢，她將陷墮至更棘手的神學問題去）。

這位好心的長者在聽到姊妹的招供後，便恍然大悟地說：「怪不得失戀了！」然後立即要求姊妹認罪。

姊妹固然對長者的一番好意表示感激，但如此兀突的被要求公開並直接地認罪，總有點不情願和不舒服的感覺，並且她的良心也因此受到干擾。無疑整段感情的失敗，她要負上相當的責任，她有做得不夠好、不夠成熟的地方，但要說這些錯誤乃等於道德上的虧欠，甚或宗教上對上帝的悖逆，則未免無限上綱了一點。當然從極深遠的層面看，我們之做錯任何事，或得罪任何人，都源自我們的罪性，也在於與上帝關係的破損；但這個含義的罪卻不等於正面觸犯上帝顯明在聖經裏的誡命律例典章，也即與那位長者所要求的認罪扯不上直接的關係。無論如何，姊妹晚上打電話給我，詢問她之所以失戀，是否因為沒有事先確定了上帝的旨意，這是否算為她的罪。

我對那位好心的長者不大恰當的輔導方式雖感到懊惱，也不苟同他的診斷，但既然對方是出於好意，也不便多作批評，惟是他把要處理的問題混亂了，損害了別人的良心，我就很難袖手旁觀，不予理會，畢竟姊妹是上帝交付給我的羊呢。結果除好言勸慰她以外，也在電話中嚴詞申斥了將此事扯上尋求上帝旨意的方向的做法，我根本不同意失戀跟這個有甚麼關係。

請別誤會我在這裏反對基督徒在戀愛一事上應該求問上帝的旨意，我同意必須謹慎擇偶，且要恆切地爲此祈禱、查考聖經、閱讀有關屬靈書籍，及徵詢有經驗的長者的意見。但我卻不認爲，一樁戀愛的成敗，與事前是否能確認爲上帝的旨意有必然的關係。

按着那位長者的推理，沒有預先確認上帝心意，是導致失戀的主要原因，這說法只可能建基在以下兩個假設之上：其一，基督徒若求得上帝的旨意，按照上帝的心意而行，便必然凡事亨通、願無不遂。其二，若基督徒不凡事預先清楚確認上帝的旨意，上帝便將勃然大怒，刻意破壞人的努力與期望，故違逆了上帝的意願或客觀的命運，是事與願違的肇因。這兩個假設均糟糕透頂、胡說八道。

一段感情，若沒有預先求問好上帝的心意，便會導致失戀；若先確定了是上帝的旨意，便將一帆風順、白頭偕老了，這可眞是解釋問題最簡易的答案。然而，正如一個聲稱放諸四海而皆準的答案通常是沒有甚麼解釋問題的能力的，這個標準答案也不例外。

沒完沒了的循環論證

第一，它永遠沒有辦法說明，我們如何算

是確定了甚麼爲上帝的旨意。有人也許會告訴我們一些尋求上帝旨意的途徑，諸如前面提過的讀經、祈禱、與長者商討、環境證據等等，但這些證據加起來要到甚麼地步，才能作一最後定案呢？要是其中不同證據之間彼此衝突，如長者的意見與個人讀經領受不相符，又將如何作最後定奪呢？當然設若上帝直接向我們顯靈，直接告訴我們一個明確的答案，問題便簡單得多，但類似保羅在大馬色路上的經歷，基督徒可沒有幾個得嘗過；如此，怎樣確定上帝的旨意，便成了一個至終懸而未決的問題。

也許內心的平安、行事的順遂，會爲我們在作決定時提供足夠的信心和動力，但要是出了困難，或事不竟成，至終無法解決的問題便立即重新冒出來：我過去之平安感覺是否自我欺騙？行事順遂是否撒但的詭計？我在作抉擇時是否眞的確定了上帝的旨意？如此這般地，循環往復，終究不息。

坦白地說，有多少信徒在碰到令他心儀的異性時，除了有觸電的感覺外，還會立即確認對方與我天造地設，故非卿不娶、非君不嫁（愛情小說有這樣橋段的很多，但現實生活裏，我倒不敢說有多少）？有多少信徒在開始第一次約會之時，便已清楚求問好上帝的旨意，知道此行必然成功，而不是一邊開始一邊求問的？這裏我說的且不是那些輕忽上帝、玩弄感情的人呢。那麼，要是一段感情中途夭折，到底這是事先沒有確定爲上帝旨意的結果，抑或夭折本身就符合了上帝的旨意？套用那位長者的邏輯，爲甚麼他不勸勉姊妹節哀順變，接受上帝的旨意，卻要姊妹爲沒有事先確認上帝的旨意而認罪？

要是我們堅持順着上面的邏輯來思辯，則惟一印證的方法就是事後孔明，就「事成」來決定上帝的「心想」。一段感情若最終開花結果，便是上帝的旨意；若以眼淚告終，就非上帝的旨意。如此，整個推論就變成一個循環論證：設若沒有事先確認上帝的旨意，事情就將功敗垂成；但如何確認是否上帝的旨意，則只能在事情的或成或敗之後。

這樣的循環論證，是沒完沒了的，就是在結婚以後，仍然可以玩下去。在基督徒能否離婚的問題上，不是曾有人指出：「上帝所配合的，人不能分開」一句聖經，應解作「沒有分開的，才是上帝所配合的」，以此來合理化基督徒的離婚嗎？[1] 如此，除非待至男女其中一方死去，而仍然不曾離婚，否則我們都無法百分之百確保這段感情或婚姻爲上帝的安排。信仰詮釋於此乃變成事後的點綴性空言，絲毫沒有指導行爲的能力。

勝利主義的假設

第二，這個推論也建造在「勝利主義」(triumphantism)的信念之上：若按上帝的心意而行，便有志竟成，事無不達；倘若事與願違，屢遭橫逆，就很明顯的是出於上帝的攔阻了。這實在是非常普遍的信念，簡單明快，一切都井然有序，對甚麼都解釋得來。「財富與健康福音」(wealth and health gospel)與「第三波」的「權能佈道」，都建造在同一個簡易的邏輯之上。瞧，上帝豈非既全善又全能的嗎？祂的全善使祂應許凡屬於祂的兒女必有美滿快樂的人生，事業通達，健康長壽；而祂的全能也確保這個應許能夠無障礙地在世上兌現。要是基督徒的生活出了甚麼麻煩，譬如染上疾病，必然地不是出於上帝的心意，而只能是出於患病者的罪或撒但的攻擊；並且，他必須按着上帝的應許，勇敢地要求上帝醫治，因爲能醫治是常規，不能治愈只是例外，上帝是願意祂的兒女得健康嘛！[2]

然而，上帝的旨意果眞是要基督徒凡事順遂，心想事成嗎？任何挫折失敗，都不能是祂准許，甚至刻意促成的嗎？這有甚麼聖經根據？從舊約到新約，我們都看不到有幾個如此幸福美滿的人生（記載簡略如「以諾與上帝同行三百年」的不算，一句說話根本概括不了複雜多變的生活）。觀諸保羅一生，就沒有這樣美麗的應許。當然我們津津樂道的是他三次成功的宣教旅程，但箇中的艱辛與不如意處，同樣是難以盡訴的（參林後六4～10，十一23～33）。非到蓋棺論定的一刻，局內人的保羅都不敢說他已經得着了、完全了。並且，保羅至終也不可能是因着一個錯誤的決定，堅持要往羅馬上訴，故以受刑而終嗎？[3]從這個下場看，我們能斷言保羅是活在上帝的旨意裏？

要是基督徒一如其他人一樣，在生活上都會遭遇各樣不如意的事，諸凡考試不及格、事業失意、工作不順遂、感情破裂，乃至生老病死、天然及人為的災劫等，統統不得免疫，那麼，為何我們要假設沒有確定上帝的旨意，是構成以上失敗事件的原因呢？上帝的旨意與一件事的結果、效果，及一個人的成功失敗，並沒有任何必然的因果關係啊！

倘若我們相信上帝，及諸事求問上帝的旨意，目的端在趨吉避凶、萬事勝意、心想事成，則我們就是把上帝降格成家中供奉的偶像，使基督教淪落為民間宗教，應驗了費爾巴哈 (L. Feuerbach) 和馬克思的論斷：不是上帝按着其形象造人，乃是人按着其形象塑造上帝；人經驗到自身有限的事實，卻懷着無限的、完全的願望，只好將這些願望對象化 (objectified)

及個體化(personified)，而構成一個可資倚賴投靠的上帝[4]。

命定主義的心態

第三，把一切問題的失敗原因歸咎到不符合上帝的心意去，甚至以上帝的懲罰來做爲自己失敗的「禍首」，也很容易造成「命定主義」(determinism)的心態。「命定主義」的心態是相信人生只有一條設定了的軌迹與方向，這便是上帝爲每個信徒度身訂造的計劃，我們必須兢兢業業的走每一步，不是在具體的生活場景中作倫理的抉擇，權衡輕重，計慮得失，做最明智的決定，卻只是探索面前的抉擇是否在上帝的預定計劃中偏差了，以致可能導致無法討祂喜悅、最終一事無成的後果。

許多基督徒確實從「命定主義」的角度來理解上帝的旨意，他們相信上帝在其人生的每一個關頭，都只有一個合法的、正確的出路，要是他們的選擇有異於這個惟一合法的出路呢，那便是誤入歧途、偏行己路了。於是乎，人生就像走一局紅綠燈方格棋，每一步都要向前踏，但不知道哪格會亮起紅燈或綠燈，要腳踏上去，燈亮了，答案才跑出來，若幸運地是綠燈的話，便得一分，若不幸地誤踏了紅燈方格，便要倒扣分數，損失可大了。既然上帝已爲我們一生事無大小，各各敷設了只有一個正確的選擇，那基督徒便只好終其生作猜謎遊戲。人生如賭博，莫過於此。

這樣的人生還算是自由的嗎？自由之爲自由，就必須意指在一件事上，有兩個或以上同樣是可能的抉擇，而我是憑自己的感情、喜好及理性判斷來作抉擇的。倘若我的太太要我選擇晚上外出吃飯的餐館，但背後的意思卻不是由我自由地選擇，而只是猜想她沒有言明、心中卻有數的喜好（獨一無二的選擇），要我在她有意無意間透露的蛛絲馬迹中估量她的心意，則我的選擇就比不選擇還痛苦。獨一無二的選擇，就不是眞的選擇，只叫「僞選擇」(dead option)。基督徒若有命定主義的人生觀，就不可能看生命爲敞開的，自由對他而言，純粹是概念遊戲，完全沒有實質的意義。

這裏筆者可不是要反對上帝的預定。坦白說，筆者在神學立場上屬改革宗，甚至傾向主張雙重預定論的加爾文派，即相信上帝在一切事上有祂絕對的控制與安排，非人力所能違抗更易，連得救或滅亡也是如此，遑論其他。但是，神學上的預定論可不同於現實生活裏的命定主義，因爲儘管在理念上我們相信上帝預定一切，在生活裏卻無法識別出何者爲上帝在永恆中的預先安排，抉擇與自由仍然是眞實的。

一個加爾文派信徒，可以確認基督徒必然至終得救（所謂「一次得救，永遠得救」），但卻不能絕對保證自己是屬於蒙上帝揀選的一個，他所能做的，是藉個人生活能結出好的果子，來證明自己是棵好樹；所以，加爾文派（特別是清教徒）的人生，絕對不是消極被動的，他們不是以爲既然上帝已預定了一切，人再努力也屬徒然，故乾脆甚麼都不作，反倒是積極向前的，既要在德行上律己以嚴，又要在社會及文化上促成各樣的更新。[5]韋伯 (Max Weber) 且認爲，是這樣子積極的人生觀，協助推動了資本主義的發展，成爲一大精神助力。[6]同樣地，加爾文派的人也可以努力傳揚福音，不是他們相信自己的講論或魅力促使別人接受福音，也不是他們認爲福音大門敞開，無論誰願意信靠主可來，卻是因爲既然自己無法知道誰爲得救、誰爲滅亡，故乃將呼召拯救的主權交付上帝，自己只扮演跑龍套的腳色，期望他們的傳福音作爲，是上帝預定好要祂已揀選了的人決志悔改的契機。[7]預定論不同於命定主義，於此可見。

命定與自由

相信上帝的預定，與相信人在生活裏擁有自由意志和抉擇的權利，兩者並不衝突。事實上，只要我們不將上帝在永恆裏的預定，與人在有限時空框框裏的自由，視作同一時序空間的東西，則矛盾便不復存在。畢竟人的自由從來不是在理論上證明得到的，人只能在經驗上證實他的各樣先天與後天的限制，心理學中不管是心理分析派或行爲主義派，都同樣挑戰了人有完全的自由的信念。自由卻是實存性的，是人在當下自行體會的，是在他面對着不可知的將來、面對着兩個難辨對錯的抉擇時，心中泛起的焦慮怖慄、惶恐不安感所證實的。就細微如拿起餐牌時，我猶豫於該點哪道菜：揚州炒飯抑或乾炒牛河，兩種選擇各有得失，在猶豫中我體會自身的自由。上帝會否在永恆裏預定了今晚我該吃甚麼？當然可以，但這不礙我在作抉擇時的盤算考慮。

基督徒可以相信上帝的預定，卻要在生活裏拒絕機械式的命定主義。

拒絕命定主義除了是爲着抵制消極而封閉的人生觀外，也是要拒絕任何容讓基督徒逃避責任的藉口。要是一切問題都取決於超自然的力量，都只訴諸屬靈層面的解釋：考試失敗是撒但試探、失戀是不符合上帝的旨意、失業是上帝沒有預備……，那麼，人豈不是完全毋須爲自己的挫折失敗負責任？要是上帝定意我遭遇考試失敗的試煉，那我再努力也是徒然的，人力如何能勝天呢？如此，失敗的責任也不在我這裏。看，這是多便宜，又多取巧的藉口。

與此說有異曲同工之妙的是某些（不是所有）「內在醫治」的理論。有人主張，人所有問題皆根源於超自然的因素，一切壞嗜好、惡習慣，諸如易怒、愛扯謊等，都是由於邪靈在其生命內攪擾的結果，只要舉行驅魔法事，將邪靈驅走，壞嗜好、惡習慣便藥到病除，霍然而愈。筆者並不反對祈禱（只反對視祈禱爲具有操縱屬靈力量的咒語），也確信基督徒必須依靠上帝的幫助才能過成聖的生活，但卻不認爲驅魔法事是使人成聖的登門捷徑；要是把「生氣鬼」逐走，易怒的性格便立即變得溫柔謙和，那成聖就用不着甚麼工夫，不須多年的恆切禱告、屢敗屢試了。

我對教會那個失戀的姊妹的建議，是別在上一次戀愛是否上帝旨意的問題上打轉繞圈，反正這問題的任何答案都是糟糕不堪的（確定爲上帝的旨意，則要爲戀愛失敗作更複雜的神學解釋；確定爲不符合上帝的旨意，則除增加多一份罪疚感外，於事無補；相信上帝因爲她在事先少辦了「申報」手續，勃然大怒，故意破壞了她的好事，就連對上帝的看法也出了問題……），反倒應好好檢討一下，自己該爲這次失戀負上多少責任：是否在性格上、溝通上有不善之處，自己對愛情的看法是否正確，對對方的期望是否過高。要是她不能在這次失敗經驗裏學到功課，沒有自跌倒中重新爬起來，那麼下一次就是在開始戀愛前再迫切祈禱，尋求上帝的旨意，也是不管用的。畢竟耶穌從來沒有爲我們不跌倒而祈禱，卻爲我們在跌倒後再重新站立，經歷挫折而成長，以至造就自己及他人而祈禱（參路二十二31～32）。

註釋

1. 參魯宗：「『上帝配合的，人不可分開』？——一個基督徒的信仰再思」，《突破》十六卷十一期，1989年11月，頁17～18。

2. 關於這方面的書籍甚多：John Wimber, *Power Healing* (London: Hodder and Stoughton, 1986)（中譯本：溫約翰著、黃莉莉譯：《權能醫治》[臺北：以琳，1991]）及 C. Peter Wagner, *How to Have a Healing Ministry without Making Your Church Sick!* (Ventura: Regal Books, 1988) 是其中兩本代表作。中文則可參劉達芳：《天國與神蹟奇事》（Sunnyvale, CA：美國福音證主協會，1991）。

3. 見本書第三章的討論。

4. 費爾巴哈曾如此說：「人使他自己的本質對象化，然後，又使自己成爲這個對象化了的、轉化成爲主體、人格的本質的對象，這就是宗教的祕密。」見《基督教的本質》，榮震華譯（北京：商務印書館，1984），頁63。有關費爾巴哈與馬克思對宗教的觀點的詳細討論，可參筆者「近代西方反基督教思想述評」的課程講授，收錄於《批判與反思：父親形象的宗教》及《批判與反思：人民鴉片的宗教》（香港：卓越書樓，1991）。

5. 有關加爾文的預定論如何影響其對基督徒倫理的看法，及人的責任問題，可參 John H. Leith, *John Calvin's Doctrine of the Christian Life* (Louisville: Westminster/John Knox Press, 1989), pp.120 ～ 145。至於清教徒對成聖觀念的看法，經典著作自然是 Richard Baxter, *A Christian Directory: or a Sum of Practical Theology and Cases of Conscience* (London: George Virtue, 1838); Jeannette Tawney 有文摘本，見氏編：

Chapters from a Christian Directory, (London: G. Bell & Sons Ltd., 1925)；Walter Marshall, *The Gospel Mystery of Sanctification* (New York: Robert Carter & Brothers, 1851)；及 John Owen, *The Works of John Owen*, ed. William H. Goold, 24 vols, (London: Johnstone & Hunter, 1850 ~ 55)（特別是第三卷及第六卷）。較新而又合用的可參 I. Morgan, *Puritan Spirituality* (London: Epworth, 1973); J.R. Knott, *The Sword of the Spirit* (Chicago: Chicago Univ. Press, 1980); C.L. Cohen, *God's Caress* (New York: O.U.P., 1986)。中文資料幾全部闕如，惟一可用的是巴刻(J.I. Packer)著，陳霍玉蓮譯：《活在聖靈中》（香港：宣道出版社，1989），在字裏行間感受改革宗加爾文派對成聖的看法。

6. Max Weber, *The Protestant Ethic and the Spirit of Capitalism*, trans. T. Parsons (London: George Allen & Unwon, 1962), pp.95ff; R.H. Tawney, *Religion and the Rise of Capitalism* (Harmond Sworth: Penguin, 1961).

7. 當然，我們也得承認十九世紀美國奮興運動的傳福音熱潮，倒也沖激了傳統的改革宗信仰，使他們在人的罪觀與自由意志的立場上有了修正，這尤其反映在 New England Theology 及其最後階段的 New Haven Theology（包括 Thomas Dwight 及 Nathaniel William Taylor）之中，不過話題扯得太遠，就不再在此糾纏了。

第三章

敞開的人生觀

曾有一位弟兄在團契聚會裏說見證，大意是他會考失敗了，但他相信這是上帝對他的試煉，而他也願意順服接受，仍將榮耀歸給上帝。我聽了感到非常不安，聚會後迅速把他拉到一旁，跟他說：「我佩服你在人前坦白揭露自己失敗的勇氣，也相信你的見證反映了接受失敗的現實的積極意義，但我仍認爲這個見證是來得太早了。我期望的是你好好地檢討一下導致會考失敗的原因，除了『超自然』因素之外，自己該負上多少責任？待檢討完畢，又努力改變了自己的不濟，然後才向上帝發出感謝，也不太晚。」

上帝的作爲與人的作爲

以上說法絕不是筆者批判的「勝利主義」的翻版：必待事情有了美滿的結局，才好感謝上帝，否則就與上帝完全無關。上帝只負責我們的得勝，失敗了便不單單是自取其咎，更是上帝詛咒的結果。不！我的意思只是：人必須首先爲他生命裏的遭遇挑起責任，視成敗得失爲他工作表現的重要指標；待自身審查完成，發覺自己並非導致成功或失敗的主要功臣或元兇，上帝才是主宰一切的導演，然後才將榮耀或責任歸（推諉）給祂。在這裏，上帝的作爲與人的作爲並不是水火不容、勢不兩立的。

除了極少數的神蹟奇事（筆者當然相信它們的存在）是人力完全不負任何責任外，絕大多數發生在現實世界裏的事，人都是佔有相當比重的責任的。上帝或其他超自然力量，並非促成某事發生的惟一原因 (sole agent)，而只是配合性的原因之一 (co-agent, co-determinant)。哦，這可不同於啓蒙運動 (Enlightenment) 所宣揚的自然主義 (naturalism) 的世界觀，即認爲自然界是自我說明的 (self-explanatory)，任何現象均可藉其他自然現象求得解釋，毋須借助超自然的理由。在自然主義者看來，上帝的存在要不是不可能，也是多餘的 (redundant)，人已經成年了，不用依賴上帝了。[1]基督徒必須堅定地相信，上帝仍然在宇宙間作王，祂不是如自然神論 (deism) 般主張只藉自然規律來讓世界自行運轉，而祂不再過問插手；反倒仍主動地、積極地促成世上各樣的人和事，並且帶引人類歷史走向祂所預設的方向去。如同但以理的歌頌：「上帝的名是應當稱頌的！從亙古直到永遠，因爲智慧能力都屬乎祂。祂改變時候、日期，廢王，立王，將智慧賜予智慧人，將知識賜予聰明人。祂顯明深奧隱祕的事，知道暗中所有的，光明也與祂同居。」（但二 20～22）

但是，我們必須同時小心，不要因爲要突顯出與世俗主義不同的緣故，而勉强要求自己奉超自然主義 (super-naturalism)。第三波的人豈不是這樣主張嗎？現代西方理性主義與科技掛帥的世界，已使基督徒失去古代世界或聖經（？）的世界觀，就是相信一切現象均是由超自然力量所左右，甚或神魔大戰的結果。故此解鈴還需繫鈴人，要解決自然界的問題（諸如疾病，或個人的性格困擾），必須藉祈禱或驅魔法事予以解決。這便是所謂「失落的中層」的尋回。[2]

筆者鄭重指出的是，要現代人重拾古代的世界觀，是既荒謬又不可能的事，畢竟時代經已改變，人對自己、對世界已有不同的了解，根本無法叫人洗刷一切知識，復歸無知去。怎麼可以叫我相信孩子患病是由於着了魔，故必須找巫師來追尋如何沾上不潔東西的根源，藉超自然力量將之驅走，而非相信患病主要是由於細菌感染或抵抗力轉弱，必須尋求醫生的診治。哦，這不是說因此我便不用爲孩子的疾病祈求上帝，希望祂直接或間接（即藉醫生的手）地醫治他；但我可不能單以超自然解釋爲滿足，拒絕用理性及自然因素來思考及分析問題。否則基督教就完全反智 (anti-intellectual)，不再是具有思辯神學的「正面宗教」（positive religion；筆按：即可用具體且慎密的理論涵括及描述的宗教），而僅是荒誕不經的巫術宗教或民間宗教了。

並且，即使我們眞能重拾「失落的中層」，也只能用在個人倫理的層面上，就是說爲自己個人的遭遇，歸功及諉過於超自然力量的擺布，這與非信徒之埋怨他們「霉運」、「倒楣」、「時運不濟」有異曲同工之妙。但對集體的事務，諸如政治、社會、經濟、文化等大事，便完全無能爲力了。獨裁政治與民主政治的興替，該用政治或社會的力量逐步推動，還是透過屬靈爭戰大會去予以促成呢？環境污染問題是否根源自某隻「環境污染鬼」，而必須以內在或外在醫治去驅除呢？讀者們要是曾涉獵過第三波的言論，當可發現他們雖然恆常運用「上帝的國」的觀念，但「上帝的國」對他們而言，只局限在個人層面的醫病趕鬼，完全沒有文化與社會的集體性含義。[3]

自然主義與超自然主義

基督徒必須在自然主義與超自然主義中間，尋着一個平衡的中道，相信人的責任與上帝的介入，是多數事物能夠發展及成就的共同原因。當然宇宙間有許多事物是超過人力所能企及的，人力不能眞箇勝天，愚公也無法移大山，我們不會盲目地宣揚科學萬能、理性萬能；但與此同時，人類社會裏絕大部分的事件，人都佔着重要的促成角色，不是任意諉諸上帝便解釋得了的。舉一個例，筆者雖然相信上帝是人類歷史的主，更直接地掌管教會的發展，但即使在神學院裏任教教會歷史，也不能容忍同學們在回答「何以馬丁路德在一五一七年發動宗教改革運動？」一題時，逕自說「這是上帝的計劃與安排」便作罷；不是說我認爲宗教改革運動不是上帝睿智的安排，更不是我反對這事件並非是偶然地發生，卻是有其必然的屬靈因素；而只是我認爲完全諉過於上帝，絕非研讀歷史的正確方法（研讀一切學科也一樣，豈能以「上帝的旨意」便解釋一切？）。在尋求教會史裏上帝的心意與作爲的同時，我們仍須如同研讀其他人類歷史一樣，爲宗教改革運動尋覓各種促成的政治、社會、文化等遠因和近因。上帝的作爲與人的作爲是相輔相成、彼此配搭的。（我的意思不是說人的因素與上帝的因素佔着同樣的比重，若果人不予以協助，上帝將無法施展其作爲；卻是認定上帝的作爲毋須必然地排斥人的作爲，祂也可以藉人的作爲來達至祂的心意設計，人的作爲也在上帝的作爲之中。）

筆者相信，這種人生觀與歷史觀，才是聖經裏的人生觀與歷史觀。聖經並沒有將一切問題皆推過於神魔大戰，或上帝任意安排（聖經裏當然有這樣純粹的超自然事件，但數量絕非壓倒性），反倒「申命記史觀」要說明的是，當以色列民行上帝眼裏爲正的事時，上帝便賜福他們；若他們行上帝眼裏爲惡的事，則禍患便如影隨形。上帝不是橫暴獨斷的暴君，人也不是全無作爲、逆來順受的蟻民；上帝卻是看重人，提拔他們，好叫他們在其設定的歷史計劃裏有分。

返回我們討論上帝旨意的主題，縱然基督徒相信一生皆有上帝的安排和帶領，但這信念可不能僵化地看爲生命的每一刻皆受上帝控制和操縱，我們的未來仍是敞開的，我們仍是自由的人，面對着各樣的抉擇仍是眞實的。也許我們會犯錯，走歪了路，甚至失敗跌倒，但這不等於我們便再不活在上帝的旨意裏、上帝已對我們掩面不顧。我們的失敗，也與我們押錯注碼、選擇錯誤，無必然的關係，更遑論上帝會因爲我們錯誤地選了不合祂心意的道路，而遷怒歸罪於我們，故意破壞我們的好事了。當然，在聖經裏我們看到有一些例子，是上帝會攔阻人去做一些不符合祂心意的行動，例如天使不讓東方博士將耶穌出生的消息報給希律王、聖靈禁止保羅在亞西亞講道等；又或者上帝差遣某個人去承擔某種重要的任務時，會特別以神蹟異象來呼召他。不過，我們總不能期望在每一件事上，每個基督徒都能如此的藉異象來清楚上帝的心意，知道甚麼是他獨一無二、捨此再無別的抉擇；更不用誠惶誠恐，憂慮我們會否因揣摩錯了上帝的心意，而遭到祂降罰報應。要是祂不喜歡我們做某事，祂自然會出手攔阻，又何用我們杞人憂天。

保羅的例子

有一段聖經恰好可以充分反映以上的論述，那便是保羅在腓立比書一章 12 至 20 節的自述。[4]

先交代一點點這段經文的背景資料：保羅在耶路撒冷傳道，引起騷動。由於大祭司與公會的人要謀害他，他乃被押解至該撒利亞巡撫腓力斯那裏，後來亞基帕王也加入審判保羅的行列。保羅事實上並沒有犯法，也沒有任何可資控告他的證據，所以亞基帕王本欲釋放他，了結整件案子，但保羅得知他之可以獲釋太晚，又或者他心懷不憤，認爲既然無辜被捕，受了屈辱，總不能靜悄悄地被放走便作罷，必須將整件案子求個水落石出，還他一個清白。於是，他要求上訴至羅馬。作爲一個羅馬公民，保羅自當有抗告於凱撒的權利，亞基帕王等也不便攔阻，結果他被押送至羅馬，在那裏坐了兩年的牢獄；雖然後來曾短暫獲得釋放，但保羅不曾想到的是，他最終竟要死在羅馬（參徒二十一～二十八）。5

保羅告訴腓立比信徒，在人人以爲他最無能爲力、失去自由的情況下；在人人以爲他再無法傳福音的情況下，福音仍然得以傳開，上帝仍然藉他工作。

怎樣工作呢？保羅指出，他之坐牢對教外和教內兩種人，帶來不同的福音效果。對教外未信主的人，他的坐牢成了一個活的見證。由於保羅已失去了行動的自由，他能接觸到的教外人只是那幾個看守他的兵丁，但保羅的特殊情況：一個原來身分與學問均不凡的人，竟然會因爲某個卑賤的信仰而身陷囹圄，故也引起了兵丁們的興趣，以此作爲他們茶餘飯後佐談的材料，如此就把保羅的事在軍營中傳開了；甚至誇張地推想，不單是整個軍營，連軍人的家眷，及其他教外人士，都輾轉聽聞有保羅這麼一個人存在，及他如何為基督信仰受苦的故事。

當然我們毋須浪漫化地推想，那些兵丁會因保羅的見證而信主（如果有，保羅沒理由不提）；基督徒的見證，許多時只會招來別人的猜忌、嫉妒、忿恨，或者嘲笑、不屑、戲弄，而非我們期望的欽羨、景仰、鼓掌。就好像我們在所處的工廠、學校、寫字樓裏，若堅持信仰的原則，按上帝的旨意而行，招來的多是同事們的嘲弄，指我們食古不化、迷信愚頑，甚至故意討我們便宜，教我們碰釘和吃虧。但是，保羅卻認為雖然別人並沒有因他的見證而皈依基督，總還是一個見證，「已經顯明是為基督的緣故」，好讓他們知道，信仰在他身上是如何眞實、如何值得堅持，乃至為之捨命。對教外的人，保羅的坐牢成了一個間接的福音見證。

面對於教內的人，保羅的坐牢便更帶來直接推動福音的作用。他在坐牢期間，仍然可以接見訪客，與探望他的羅馬信徒談道，堅固他們的信仰。保羅活的見證，大大的激勵了他們，既然保羅可以不懼死亡、不怕犧牲地傳揚福音，那他們也當見賢思齊，努力效法，「越發放膽傳上帝的道，無所懼怕」。保羅的坐牢，復興了羅馬信徒，振興了福音工作。

在這裏，我們也不要一廂情願地以爲，有保羅這麼一個聲名顯赫、靈力充沛的人在羅馬，必然會一致地受到羅馬信徒的歡迎，事實並非如此。有一些人（推想應是羅馬教會的領袖）對保羅如此闖進他們的地盤，吸引了大部分信徒的喝采與讚美，感到不是味兒，對於原來「屬於」他們的信徒，如今竟然向一位外來者靠攏，剝奪了他們的光采，他們自然極其不滿。於是乎，他們也拚命傳福音，但卻不是爲了景仰和效法保羅的緣故，而是一方面要證明他們也有如保羅一樣的傳福音能力，甚至可以比保羅做得更多更好；另一方面也欲重新奪回信徒的喝采與掌聲，藉傳福音來營造自己的勢力（「出於結黨」），使人跟隨他們而不跟隨保羅；第三方面，他們也希望藉着他們傳福音的果效，來刺激保羅，教他爲別人的興旺、自己的衰微而自憐自傷，影射對照他已再無傳教能力，「加增我捆鎖的苦楚」。

保羅對這些懷着不可告人目的的信徒之傳福音有何反應？他是否如他們所願的心裏增加了苦楚？沒有！保羅的反應是：「這有何妨呢？或是假意，或是眞心，無論怎樣，基督究竟被傳開了。爲此，我就歡喜，並且還要歡喜。」

保羅之說不介意別人傳福音的動機，並非

因他認爲動機不重要，效果才是要緊的，基督徒做事可以爲求目的，不擇手段。動機與行動同樣重要。每個基督徒必須定時躬身自省，檢討一下自己事奉和目標是否正確，動機是否純正，有沒有自覺或不自覺地在傳揚基督之餘傳揚了自己，在事奉中竊奪了基督的榮耀。但是，保羅仍相信羅馬某些信徒出於嫉妒紛爭的傳福音是無妨的，不是對他們自己無妨，乃是對福音事工無妨。因爲，他知道上帝會將壞事變成好事。

使壞事變成好事的上帝

上帝會將一切不利的因素變成好的結果，上帝可以將壞事變成好事。就像保羅自己，明明是一念之差，做錯了決定，才弄至今日要長時間坐牢的田地，要是當日他不堅持上訴，也許便接受了亞基帕王的釋放，如今可以逍遙自在，繼續爲主傳揚福音呢！但是，上帝卻仍能使他錯誤的決定，教福音藉着他從來沒曾想過的方法，繼續在羅馬傳開。對羅馬那些不懷好意的信徒，上帝也可以藉着他們嫉妒爭競的心，把福音更快更廣地傳揚。上帝是掌管着一切的主，在祂永遠不會有錯誤，祂睿智的安排，會教所有錯誤變成正確，偶然化作必然，人縱然悖逆不馴，上帝仍然引導歷史，朝着祂預定的計劃發展。

基督徒認定自己活在上帝的保守和帶領中，相信上帝在他生命裏的每一刻，均有特殊的心意和計劃。他也在默想與禱告中努力尋求上帝的旨意，力圖使自己的所言所行，符合上帝原來的想法。但是，這卻不表示他因此便要誠惶誠恐、恐懼戰兢地度日，常常害怕行差踏錯，不小心便走入歧路，配合不到上帝預設的軌迹，以致遭受天譴。不！要是我們眞的如此機械性地理解上帝的旨意的話，則別說我們必然失去基督徒常自稱擁有的自由和喜樂，甚至連一切信心把握也將蕩然無存了：縱然我熱切地尋求上帝的旨意，仍總不能保證自己事事皆符合上帝的心意，也無法保守自己最終不會失足跌倒，甚至失落救恩。對嗎？

惟有我們認定，活在上帝的旨意中，並不等於我們便在每項的選擇裏皆做出至好的決定，凡事亨通順利，一切均不會犯錯；而是上帝在我們屢屢犯錯與跌倒之中，仍然保守一切，祂可以將壞事變成好事，使我們昨天的跌倒，成了明天能夠成長的資本，使我們明天或有的挫敗，化作後天更認識自己、更認識上帝的機會。這樣，我們才眞能坦然無懼、滿懷信心地向前邁進。我們不是對自己有信心、不是相信自己能保守自己不致失足，乃是對上帝有信心，相信祂的上智大能，必然教我的失足不致壞了祂的計劃，故此至終祂仍成全我的救恩（這正是加爾文主義所提出的「上帝的永恆保守」[preseverance]，也即我們常說的「一次得救、永遠得救」的含義）。正如保羅說的，藉着腓立比信徒的祈禱，及聖靈的幫助（而非他的努力事奉，或謹愼自守），「終必叫我得救。照着我所切慕、所盼望的，沒有一事叫我羞愧。」如此，我們並不斤斤計較面前的投資是否聰明、抉擇是否準確，也不爲一時的成敗得失而耿耿於懷。上帝是使壞事變成好事的上帝。

對其他的信徒，我們豈不也應該抱持相同的態度嗎？我們恆常因着知道別的信徒犯錯、教會犯錯，而失卻了對他們的信心。我們不相信這樣滿是瑕疵、道德靈性均有缺陷的人，可以爲上帝做出甚麼好事來；我們也懷疑一個夾雜着罪人、又屢屢紛爭犯錯的教會，仍然活在上帝的計劃裏；因此，我們對別人絕望，也對教會絕望。我們失卻了保羅的信心，沒有認定上帝仍然坐着爲王，祂是別的信徒的主、全教會的主；祂可以使福音使命，藉着那些既不完全又不出色的信徒來予以完成，祂也教祂的教會，在屢有失誤與紛爭的情況下，仍然成爲祂的見證！

這樣說是否在為自己及他人的犯錯尋找開脫的藉口呢？是否便表示我們或教會毋須再為改過遷善而努力呢？不！錯誤仍是錯誤，雖然上帝使壞事變成好事，我們仍須為自己所作的壞事負責任；教會的犯錯，不管有沒有妨礙上帝的工作，還是須要竭力避免的。但是，我們卻可以勇敢地宣認，我們仍然活在上帝的旨意中，過去的犯錯，沒有令我們一敗塗地，再無翻身的機會；將來可能的犯錯，也不會使我們晚節不保，失落救恩。因為，上帝仍然掌管一切，祂是那位使壞事變成好事的主，教萬事都互相效力。

保羅所揭示給我們的，就是一個敞開的人生觀。

註釋

1. 有關啓蒙運動的哲學思潮，經典著作乃卡西勒(Ernst Cassirer)的《啓蒙哲學》（顧偉銘等譯，山東人民出版社，1988）；此外，可參 Jeffery Hopper，*Understanding Modern Theology* (Philadelphia: Fortress, 1987), vol. 1: *Cultural Revolutions & New Worlds*；及其他近代神學及哲學的導論著作。另外，Isaiah Berlin, *The Age of Enlightenment: The Eighteenth-Century Philosophers* (Oxford: O.U.P., 1979) 也收錄了主要啓蒙思想家的作品選段，可供讀者初步探討。

2. 這個觀念首先由希伯特(Paul G. Hiebert)提出，他指出對第三世界的人而言，世界是由三層所構成的，包括第一層的自然世界、第二層的靈界，與第三層的超越層次的天堂地獄。第二層的靈界，泛指祖宗神明、山川河嶽的靈體，以及魔鬼邪靈等，這些靈界事物是眞實存在的，且與自然世界息息相關；自然世界發生的每一件事情，均直接間接受靈界影響。希伯特指出，西方人接受了世俗主義的世界觀，已抗拒有靈界事物存在，且直接影響自然世界的思想，第二層（中層）是他們忽略的，見 "The Flaw of the Excluded Middle", *Missiology: An International Review*, vol. X, No.1, Jan. 1982。希伯特的觀念廣泛被第三波的倡導者應用，包括 John Wimber, *Power Evangelism*, pp.82 ~ 88; P. Wagner, *How to Have a Healing Ministry without Making Your Church Sick!*, Ch.6。楊牧谷在《狂飈後的微聲——靈恩與事奉》（香港：卓越書樓，1991），頁80 ~ 99，對這個主張有很好的評論。

3. 筆者曾對這種將天國以至一切信仰要求「內向化」的趨勢，提出了個人的看法，參「五四運動對香港教會的啓迪」，《時代論壇》244期，1992年5月3日，頁3。

4. 腓立比書一章12至20節的論述，首先見於筆者就這段經文的釋經講道：「萬事都互相效力」，《生命雜誌》390期，1992年3月，頁24～28。

5. 在《時代論壇》刊出筆者的「如何尋求上帝的旨意」一文後，筆者曾收到崇基神學組主任（已榮休）周天和博士的來信，指出：「保羅作此決定是在亞基帕王見非斯都之前。而且依聖經所記，保羅並未『拒絕』讓亞基帕王釋放他；亞基帕王只向非斯都表示，『這人若沒有上告於該撒，就可以釋放了。』而依一些新約學者的意見……，一位羅馬公民一旦宣告『上告於該撒』，官員別無選擇，必須執行……」（1992年3月13日）。周博士提醒筆者，說保羅上訴羅馬是一個「錯誤」的決定，可能是較危險及武斷的。本人非常同意他的補充，謹在此申表謝意。

第四章

上帝顯明的旨意

基督徒常說尋找上帝的旨意，但他們意指的，其實是上帝在某個特殊處境裏的特殊指引，這只是上帝旨意的一部分，並且不能算是最重要的部分。

基督教倫理學有兩個主要的傳統，其一是常規倫理 (constant ethics)，其二是處境倫理 (situational ethics)。兩套倫理觀雖不必然水火不容，彼此排斥，也甚少有人只主張其中一套而完全排斥另一套，但兩者乃是建造在不同的假設和對倫理學的理解之上。

常規倫理

常規倫理乃指出上帝在人間啓示了一套清楚顯明的道德規律，這是上帝對人恆久不變的心意，且以立約的形式固定下來，成爲人人皆可知曉並遵從的行爲規範。常規倫理首先存在於舊約的律法（舊約有四種重要的法典：十誡、約書、利未律法、申命記律法），特別是在十誡之內，因為十誡是以絕對 (apodictic) 及無條件限定 (unconditional) 的形式寫成，故此是上帝對人永恆不變的心意。[1]其次，常規倫理也存在於新約耶穌基督的教訓（最經典的當然是「登山寶訓」），以及使徒們在書信裏對信徒的勸勉教導。總之，聖經是常規倫理最基本，也最具權威的來源。

除了聖經以外，常規倫理也存在於人的理性與良知之內，這便是所謂的「自然法」(natural law) 的觀念。自然法的觀念首先來自亞里士多德，但為中世紀的神學巨人阿奎那 (Thomas Aquinas) 發揮得最完備。[2]阿奎那版本的自然法觀念認為，上帝在創造萬物及人類時，除了為物質世界敷設了各樣的物理與化學規律外，也為人類及其他生物設定其生存的目的，這生存的目的便構成他（它）們的本性。對人而言，倫理上的善或惡，端在於人是否藉做某一個行為，而能趨向或遠離上帝設定在人本性之內的目的；愈接近上帝的原來設計的，便愈為善，否則便是惡。由於上帝的目的已內蘊於人，故人皆可以憑理性予以判別和發現之。人的道德責任，就是盡上帝在其本性內所決定的責任，努力追求至善。上帝的律法內在於人性之內，這個說法與中國古代儒家思想的

「天人互應」觀念，有異曲同工之妙。

天主教的倫理學者都遵循阿奎那的意見，肯定自然法的存在。[3]由於聖經裏的律法（特別是十誡）與人理性及良知內的自然法均源自同一位上帝，故此應是和諧無間的（保羅在羅馬書二章12至15節，似乎也主張外邦人的本性與良知，與舊約的律法殊途同歸）。自然法遍存於人的良知與理性之內，不管是否基督徒，人間的社會法(civil law)與習慣法(customary law)大抵都不會與聖經的教導相去太遠。是以若我們發現不同宗教及文化所高舉的德目（如眞、善、美）大致雷同時，我們可不要太驚訝，因爲它們都是出自上帝的手筆。

聖經與良知理性，是常規倫理的兩個基礎。

兩種處境倫理

處境倫理在相當程度上，乃建造在對常規倫理的懷疑與否定之上。處境倫理有兩種：一種是自由主義所主張的，否定聖經可以建構出一套固定的倫理學，這可以費卓爾(Joseph Fletcher)[4]爲代表；另一種則是以巴特(K. Barth)爲代表，否定人的理性可以作爲判別善惡的憑藉。

先說第一種，近代不少聖經學者懷疑到底

是否有一個統一的聖經倫理，他們認爲聖經並不是一套有系統的文獻，它只是反映了不同的生活處境與歷史環境裏的不同關係。因此，不論在文體、形式、主題、重點等方面來看，聖經都存在着重大的歧異，故根本沒有一個統一的、涵括一切的主題，既然連統一的主題都沒有，遑論找到前後一貫、嚴謹縝密的倫理守則了。[5]更有些激進的學者認爲，聖經只是時代的產物，受歷史場景的限制，因此不是永恆適用的，如此，也不應從聖經裏求出一套俟百世而不惑的倫理規範。[6]

費卓爾指出，基督教倫理必須是個人性(personalistic)及處境性(contextual)，既非律法主義，又非無法無天，卻是在具體而特殊的處境下，以理性和良知重新評估傳統的原則和規範，看看哪些部分可以應用於該處境內。而在評估的過程中，一切道德規範都是相對的，沒有必然能應用於今天的權威或價值。惟一可以持之永恆，且成爲其他道德價值的判別標準的是愛，只有愛是本然爲善(intrinsically good)的，其他價值卻都受外緣限制(extrinsically determined)，只是當它們能在某一具體處境內，促使人去愛上帝及鄰舍，它才有存在的資格。[7]這是第一種處境倫理。

與第一種處境倫理之否定有客觀固定的聖

經倫理可資遵循，而又高舉人的理性良知，相信理性可以作爲倫理抉擇的憑藉恰好相反，第二種處境倫理卻是肯定上帝有清楚明確的啓示，只是人的犯罪墮落，已使人失去踐行上帝眼裏的善行的能力。

例如潘霍華 (Bonhoeffer) 便認爲，上帝在創造始祖時，並沒有打算讓他們獨立分辨善惡，他們只要遵循上帝直接的吩咐行事，便已是「善」了。只是始祖抗拒爲上帝任意擺布，卻要獨立自主地分辨善惡（吃分辨善惡樹的果子，以致眼睛明亮），結果便因尋求獨立而悖逆上帝。分辨善惡是人離棄上帝的禍首，在分辨善惡時人拒絕從上帝創造時爲其命定的命運看自己，反倒看自己擁有各樣的可能性，既可爲善又可爲惡。在犯罪前人只認識上帝，對善惡的知識是在他與上帝分離後才有的，故此人擁有分辨善惡的知識，正是他與上帝分離 (disunion) 的表徵。惟一消除人與上帝分離的狀態是藉着耶穌基督，回復到原來與上帝的關係，也就是人不再靠自己分辨善惡，卻只是踐行上帝直接的命令。[8]

巴特的思路大致與潘霍華一樣。他反對聖經存在着一套固定的倫理命令，他認爲基督徒惟一的倫理規範，是上帝的直接諭令 (divine imperative)，就是說，上帝在此時此地的獨特處境裏向我所作的要求與命令，除此之外，別無倫理規定可言。上帝的諭令（啓示）已彰顯在基督耶穌裏，所以一個基督徒的倫理行爲，就是他對上帝在基督裏的作爲的認識（所以對他而言，倫理學就是神學）。人在每個倫理抉擇的場景，要抉擇的不是他自己經理性分析得來的善與惡，卻是是否順服上帝此時此地的命令。每個抉擇都是當下的。因此，巴特反對聖經承載一套放諸四海而皆準的倫理命令的說法，更不認爲人可以按理性與良知來認識上帝的心意。他認爲，要是我們建構一套客觀的倫理規範，就是將上帝的命令從上帝動態的作爲變成靜態的規範，如此也使倫理本身被偶像化了。[9]

聖經與常規倫理

花了這麼大的氣力去說明兩個倫理學的傳統：常規倫理與處境倫理，目的是要指出，許多叫嚷尋求上帝旨意的基督徒，心中理解的所謂上帝旨意，其實只局限在上帝於某一個獨特的時空、獨特的處境內所作獨特的指引，而非上帝客觀地啓示在聖經裏的常規教導。並且不自覺地，他們把人的理性良知與上帝的特殊諭令徹底對立，認爲要是尋求上帝的旨意，人就必須拒絕思考、拒絕作理性分析，否則就是遵從人意，不從上帝的旨意了。這樣的想法，基本上是走處境倫理的進路（當然不是費卓爾的自由主義的那種），就是把倫理抉擇約化爲上帝直接的諭令。

對巴特等神學家而言，人不應將聖經據爲己有，運用自己的理性去搭建一套固定的倫理體系，藉此來明白上帝恆常不變的旨意。因爲上帝是上帝，上帝不是人，上帝的理性與人的理性不同（因此，沒有「自然法」這回事），上帝的旨意完全不能爲人測度，人只能在每個獨特的處境裏，尋求上帝獨特的帶領。在尋求上帝旨意的過程中，人根本不應妄自逕作，胡思亂想。而在上帝頒布了祂的旨意之後，人惟一合法的回應是順服遵行，也沒有任何思索或評估的餘地。如此，理性分析在倫理學，以致神學之內，均無存在的價值。

但問題是，作爲福音信仰者的我們，是否能夠同意聖經並沒有包括一套固定的倫理守則，也不能幫助我們建構任何行爲和抉擇的規範呢？縱然我們了解處境是倫理抉擇的重要考慮因素，不能像聖經主義者 (biblists) 之將聖經原則不顧一切地直接應用；又儘管我們相信上帝仍可以在此時此刻向我們說話，直接給予命令和指引。然而我們仍得肯定，聖經不僅是時代的產物，也不受歷史場景的限制，它卻是永恆地有效，同時是針對當代及適用於任何時間的。聖經絕不僅是上帝昔日的說話，也是上帝今天的說話。任何將聖經視作歷史的遺物，或將聖經與活着的上帝對立的做法，本身要非成了福音信仰者的敵人，也會是我們極危險的朋友。[10]

倘若聖經是上帝永恆的說話，且是聖靈默示先知和使徒，以人的語言和思想表達出來，好讓我們能以理性來查考及明白，那我們怎麼能說聖經並不蘊含任何固定的倫理教導，又或者無法容讓我們建構任何倫理規範呢？聖經是上帝的啓示，這啓示既向人說明事實(indicative)，又提出倫理要求(imperative)，就像雅各說：「惟有詳細察看那全備、使人自由之律法的，並且時常如此，這人既不是聽了就忘，乃是實在行出來，就在他所行的事上必然得福。」（雅一25）

如此，我們必須堅持聖經裏存在着一套穩固的常規倫理，並且人的理性良知也能探求及認知這套常規倫理。當然良知及理性可能出錯，上帝的即時心意未必如我們所估計般的樣子，但至少我們毋須首先便假設了「神旨」與「人旨」必然相衝突，更不應認為倘無上帝在某個場景裏的直接啓示，人將無法理解上帝的心意。

理性判斷與常規倫理

事實上，上帝對人基本的心意和要求，是已經向人顯明了的。藉着聖經，也藉着祂透過教會的講道及衆信徒給我們的教導和培育，我們可以清楚甚麼是該作的事（譬如傳福音、關懷人肉身的需要，是完全不用求問便可以確定爲符合上帝的心意）、甚麼是討上帝喜悅的事（如行公義、好憐憫、遵行聖經的教訓、過成聖的生活），不應有任何疑惑。許多時基督徒之所以陷在倫理兩難的抉擇裏，並非他們不知道上帝的心意爲何、善惡如何區分，而僅是他們個人的利益與遵行上帝旨意兩者間出了矛盾：要麼遵行上帝的吩咐而自招虧損，要麼拒絕上帝的命令而大展鴻圖，故此才有爲難的感覺。要是我們在這些已清楚啓示了的事情上踟躕不前，例如懷疑應否做埋沒良心的事情以博取升職，問題就根本不在於是否「知道」上帝的旨意，而純粹在於是否「願意遵行」上帝的旨意。不欲遵行上帝的旨意，而故意投訴上帝旨意暗昧不明，是我們常作的把戲，其本身就是最不討上帝喜悅的事。

就筆者過去接觸到的個案來看，除了不涉及倫理價值的一些中性抉擇（報讀甚麼學系、投考甚麼工作……）外，基督徒在生活裏眞的碰到倫理上的兩難抉擇的情況並不多。別說忠孝不兩存、自由與愛情二擇其一的極端處境只在戲劇裏才出現，就是所謂善意說謊（即「白色謊話」）也不是如我們所想像般眞有其普遍需要，只有在極罕有的情況下，我們才也許無法不被逼以謊話來隱瞞事實、安慰別人，日常生活裏總是可以實話實說、誠實無僞的。所以，說基督徒的倫理價值難以兌現，或常會出現兩難抉擇、教人無所適從的，多數是推搪之言。

誠然，確實會有一些聖經的倫理原則，很難直接應用在具體的生活處境，也確實存在兩難抉擇的處境倫理的問題。在面對無法簡單地判定善惡的抉擇時，我們除了懇切禱告，祈求上帝賜我們分辨的智慧外，我們的理智與良知，仍是教我們做最後決定的主要憑藉。畢竟若我們不把倫理原則完全相對化，則再處境性的倫理抉擇還是有優先次序的考慮依據，並非眞箇漫無標準。例如耶穌基督說安息日爲人而設，將人的價值視作較豬羣貴重；又提醒我們靈魂得救比爲肉身籌算更爲要緊，必須視跟隨耶穌爲比依戀父母家人等還優先的責任……等，均是我們在具體作抉擇時，考慮優先次序的參考。只要我們不帶偏執地查考聖經，又不以欲望私意掩蓋了自己的良知，總可以憑理性作出恰當的抉擇。

要是眞有忠孝不兩存的情況發生，譬如說在面對賊匪企圖殺害無辜時被逼自衞殺人，或在殘暴政權下投身暴力革命以推翻現政府，那以理性判別情況是否到達危險關頭，是否非犧牲掉某些倫理原則無法防範其他更要緊的倫理原則被破壞，便是我們惟一的處應方法。尋求上帝即時的指引固然是必須的，但訴諸上帝旨意卻也不見得是解決這樣的倫理上兩難抉擇的簡易或合法出路，因為這很容易會教我們將原來仍是壞事的次壞選擇 (lesser evil) 看成爲好事，也使原來複雜的問題簡單化。自衞殺人仍是殺人，雖然這是在當時處境下不得已的抉擇，但至少是令人遺憾的事，本身並無可資肯定的價值，更不能說上帝在其時命令我去殺人。同樣地，流人血本來就不是一樁美事，儘管我們如何認定若不以暴力推翻現政權，將有更多暴力發生，但總仍不能因此便把暴力神聖化，甚或將革命看成是「聖戰」，爲求目的不擇手段。[11] 次壞選擇仍然是壞事，是被罪污染了的人倫世界裏不可避免的罪惡，是不完美的人生永遠無法提升至與上帝的國和諧一致的證明，故此次壞選擇是罪的產物，永遠不是上帝美善的旨意。

運用理性做人的抉擇

坦率承認自己是憑理性作次壞的選擇，而

非奉上帝的名做神聖的任務，便教我們不致簡單化了複雜的人生，也不致狂妄地將自己視作上帝的代言人或其旨意的執行人。我們不把上帝顯明的旨意與在生活處境裏的權衡利害混為一談，也不將上帝的絕對標準與人的相對抉擇相提並論。我們謙卑地承認：上帝是上帝，人是人，上帝的旨意不同於人的旨意；我們謙卑地承認：自己再敬虔自守，端正度日，也還是「嘴唇不潔的人，又住在嘴唇不潔的民中」（賽六5），故此永遠無法使生活變得寬坦畢直，了無遺憾。我們以理性來作抉擇，不是出於對上帝不敬、狂妄自大，反倒是承認自己不是上帝，也不將自己的抉擇裝扮為上帝的旨意。

馬丁路德對同樣問題的意見，可以作為我們在未明上帝旨意的事情上做抉擇的參考。路德如同阿奎那一樣，承認自然法的存在，就是說上帝在創造宇宙的自然規律的同時，也創造了道德規律在其內，特別是舊約的十誡及新約耶穌基督的登山寶訓，足可反映此自然法。但是，他卻沒有阿奎那對人的理性的信心，他認為人的犯罪墮落，已使人無法認識上帝，也因此無法全備準確地掌握自然法。所以，單憑人的理性和良知，不能讓人踐行上帝的要求，這也是為何上帝要直接將祂的倫理規範以文字的形式流傳下來，好讓人清楚了解並遵行。路德指出，人必須在聖靈的引導下研讀聖經，以明白上帝的旨意；但他並不純粹是律法主義地遵行某些教條規範，卻是在與上帝團契的關係中，得着思想和良知上的釋放，好讓他能自由地明白和遵行上帝的旨意，作討上帝喜悅的事（路德强調基督徒的自由，及以愛作爲行事爲人的基本動力）。但是，要是人在作一件事前，始終無法藉聖經或聖靈的引導以明白上帝的旨意呢？那路德便認爲這屬於容許的範圍(allowed area)，人可以在其中自由作抉擇，勇敢地迎上去，只要肯定自己誠實無僞，也憑信心行事，就毋須懼怕我們之抉擇可能會犯錯，甚或教我們犯罪。因爲歸根究柢，基督徒之蒙悅納，永遠不是藉他的行爲，而只是藉其對上帝的信心（因信稱義）。早在人未曾做某項抉擇以先，上帝已在耶穌基督裏對他們說「是」，並且無條件的接納他們。所以，我們只管憑着信心，將尚未作成的事，及可能有的犯錯，都一併呈獻到上帝面前，尋求祂預先的接納與赦免。「稱義」是基督徒信仰及生活的基礎，「成聖」也在「稱義」裏。[12]

基督徒尋找上帝的旨意，不能單單期望上帝在特殊處境裏向我們作特殊的指引，彷彿上帝過去從來沒有說過話，沒有將祂的旨意向人陳明一樣；也不能端坐不動，單單佇候上帝主動的超自然啓示，而不作任何理性的探索，甚至認爲理性的思考必然是大逆不道，冒犯了上帝的主權。上帝絕大部分的旨意，已顯明在聖經之內，且是人的理性能夠明白和識別出來的。

「世人哪，耶和華已指示你何爲善……」

註釋

1. 有關律法最經典的研究，參 A. Alt, "The Origins of Israelite Law", in idem, *Essays on Old Testament History and Religion* (Oxford: Blackwell, 1966), pp.79 ~ 132; M. Noth, "The Laws in the Pentateuch: Their Assumptions and Meaning", in idem, *The Laws in Pentateuch and Other Studies* (Edinburgh: Oliver & Boyd, 1966), pp.1 ~ 107。較新的可參 D. Patrick, *Old Testament Law* (Atlanta: Knox, 1985 ）.

2. 阿奎那的自然法觀念，可參 Etienne Gilson, *The Christian Philosophy of St. Thomas Aquinas*, trans. L.K. Shooks (New York: Octagon Books, 1983), pp.264 ~ 270; Norman L. Geisler, *Thomas Aquinas: An Evangelical Appraisal* (Grand Rapids: Baker, 1991), pp.163 ~ 175.

3. Josef Fuchs, S.J., *Natural Law: A Theological Investigation* (New York: Sheed and Ward, 1965); 另拉納 (K. Rahner) 對自然法的觀點，可參 L. Richards, *Is There a Christian Ethics?* (New York: Paulist, 1988), pp.13 ~ 19.

4. Joseph Fletcher, *Situation Ethics* (Philadelphia: Westminster, 1965).

5. 唐納雲 (M.T.O'Donovan) 在他的一篇重要文章 "The Possibility of a Biblical Ethics" 裏，曾提到建立聖經倫理學的三個必要條件，收 *Theological Students Fellowship Bulletin* 67 (1973): 15 ~ 23; W. Kaiser, *Toward Old Testament Ethics* (Grand Rapids: Academic Books, 1978；中譯本：華德凱瑟著，譚健明譯：《舊約倫理學探討》[臺北：華神，1990二版]）有詳細的介紹，見英文原書頁24 ~ 29。

6. 這立場可以巴爾 (James Barr) 的一段說話爲代表：

「耶穌的教訓既受時間限制，又受處境限制；這不是由於祂的人性，或祂成爲人所導致，卻是由於祂的教訓的原來的功能性質。祂並不是要教導一些適用於任何時間和處境的永恆眞理，卻是個人性地針對當時間祂與其聽衆的處境說話。」見 *Fundamentalism* (London: SCM, 1981), p.181。這說法與多年前的布特曼(R. Bultmann)遙相呼應，他認爲若倫理學指的是一套關於價值與規矩的系統，則耶穌並沒有一套倫理學，見 *Jesus and the Word* (New York: Charles Scribner's Son, 1958), p.84。

7. 同註 4，特別是頁 30 ～ 31；67。

8. Bonhoeffer, *Ethics* (London: SCM, 1963), pp.4 ～ 22.

9. *Church Dogmatics* Ⅱ.2, Ⅲ / Ⅳ.11.

10. 筆者由衷地抗拒最近有人爲了提醒教會應該重視聖靈的作爲的緣故，而把聖靈和聖經對立的做法。他們甚至說傳統教會（這個名詞是由靈恩派教會冠給我們的）之高舉聖經、輕視聖靈，已達至將三位一體由「聖父聖子聖靈」變爲「聖父聖子聖經」的地步。筆者對此說法至爲震驚。無疑我們必須重視聖靈在今天對教會的引導，卻絕不能相信聖靈會作出任何與祂自己的啓示相衝突的新作爲；並且，聖靈除了讓我們印證聖經的啓示，教我們親身體驗上帝話語的眞實外，也不會在知識上增添新的啓示內容。所以，將聖經與聖靈相對立，或者爲高舉聖靈而批評傳統教會過分重視聖經的說法，都是極其荒謬的。教會永遠不會「過分」尊崇聖經，更不會因爲尊崇聖經的緣故而貶抑或冒犯了活着的上帝。

11. 筆者曾就一九九一年的美伊戰爭，寫了一篇文章，題爲「不可妄稱上帝的名」，足可反映這方面的思考。收《突破雜誌》1991 年 4 月號，頁 22 ～ 23，另參「附錄一」。

12. 有關馬丁路德的倫理學，可參 Paul Althaus, *The Ethics of Martin Luther* (Philadelphia: Fortress, 1986).

第五章
具體個別的指引

上文所說的是上帝一般性、原則性的旨意，且主要是關乎倫理價值的，即仿似神學上說的普遍啓示 (general revelation)；至於在具體個別的抉擇上，倘若不牽涉倫理價值在其中，又該如何尋找上帝的旨意呢？這大概就是特殊啓示 (special revelation) 的問題了。

一般旨意與特殊諭令

確實地，基督徒日常生活裏絕大多數的抉擇，包括擇偶、擇業、升學、移民，以至日常生活上的遷居、投資等，都與倫理價值的考慮沾不上邊。沒有一種職業（包括傳道在內）比別的工作更道德、更理所當然地爲人欽羡，故擇業毋須辨識善惡忠奸，也用不着查考聖經，只當從自己的性格、興趣、知識、潛能，以至工作的前景、機會及滿足感來衡量便足夠了。擇偶大致亦如此，性格是否相合、志趣（包括信仰上的異象與承擔）是否相投、家境教育知識經驗是否相當，都是必要的考慮，但卻與上帝一般性的倫理原則完全無涉，筆者完全看不出如何以查經來求偶。無論如何，擇業與擇偶等只能藉抉擇後的發展和際遇來評檢其對或錯，卻不能就抉擇的對象與抉擇的本身來給予善惡的判斷。甚至極端化地說，純粹就金錢回報來考慮是否轉職，也不見得有甚麼不妥，起碼聖經並沒有教導我們自討苦吃，專找菲薄薪酬的工作來幹啊。

當然，設若上帝已有特殊的命令頒布，將祂對人的個別心意和計劃豁露，或將對某個羣體和某個事工的需要埋藏在人心中時，則故事便截然不同了。上帝的旨意既已彰顯，就取消了人自由抉擇的空間，人得立即放下自身的理想、興趣和野心，全然順服在祂的帶領下，踐行祂所給予的異象和託付；並且，上帝的旨意也爲原來價值中性的抉擇添加了倫理價值，如今再不是作甚麼抉擇均無關善惡了，遵行上帝的旨意就是善，反之則爲惡，黑白分明。

上帝在某個特殊場景裏的命令，徹底扭轉了人原來對某項事情抉擇的性質，如今再不是對甲乙兩項工作的二擇其一，乃變成對上帝命令的回應了。人對上帝的命令，只有順服或悖逆的回應，絕對沒有中立或第三條路，甚至一切理性和良知的考慮，也統統變得多餘。舉一個例，當日上帝向亞伯拉罕顯現，命令他手刃兒子，獻爲燔祭時，亞伯拉罕便話不多說半句，立即遵行。他沒有詰問上帝爲何陡地收回祂在其晚年才賜下的獨生子，好教他一場歡喜一場空；沒有猜度上帝是否僅欲跟其開玩笑，目的僅在唬他一下，而非眞箇要取其兒子性命；也沒有以理性辯說上帝不應任意流人血，這與其一貫本性不符，故命令可能來自撒但……。沒有！亞伯拉罕之被尊爲信心之父，難得之處就在這裏。上帝若果親自發出了指令，就聖經也毋庸查考了，理性也用不着思考了，上帝的即時命令已壓倒一切，蓋過所有常規倫理，教原爲絕對的價值淪爲相對，教任何規範權威盡皆瓦解。上帝是上帝，祂的命令是至高無上的，人只能選擇順服或悖逆，不能議價，不能置喙。

但是，倘若上帝並沒有在那些無關倫理價值的抉擇裏清楚顯明祂的旨意，好叫我能順服遵行，但那些抉擇卻又是與我生死攸關的，我迫切渴望知道上帝的特殊心意，尋找祂的具體指引，那該如何辦呢？這是絕大多數爲「如何尋找上帝旨意」的問題困擾的人，所面對的眞正情況。他們欲就不關涉善或惡（故不能以常規倫理來分辨對錯），但卻嚴重地影響其一生的重大抉擇裏直接聆聽上帝的聲音，一方面表示對祂的尊敬與順服，另一方面也不欲自把自爲，偏行己路。再者，聖經豈不恆常强調揀選的觀念嗎？要是上帝自母腹中已揀選了我，又爲我安排布置各樣的人和事，好鍛煉我的成長，爲祂所用，最後且引領我到祂爲我預備的應許地去，那祂又怎麼會在我生命的重大關頭保持緘默，全無定見呢？祂不是在我一生的每一片段，皆有了獨一無二的預定嗎？那我怎能還自行藉理性作決定，我豈能篡奪上帝在我身上的主權？

具體抉擇的指引

如何尋求上帝具體個別的指引？筆者抱歉地說：並無任何固定的、簡易的方法。傳統提供的出路，諸如讀經、祈禱、環境因素、長者的意見、肢體的認可……，無疑均是可用的途徑；反正不管是否尋得出上帝的旨意，在作任何重大的決定前，多安靜祈禱，多參考別人的意見，總是有益無損的事。但是，以上的方法卻無法提供保證，教我們必然尋得上帝的旨意。我們在這樣做時，也必須小心別把它們看成爲套取上帝口供的手段，千萬不要以爲做了這等步驟之後，上帝就非向我報夢顯靈不可。特殊啓示之所以是特殊，便是偶發的、個別性的，並無任何常規軌迹可以追尋，一切盡皆出自上帝的主動。人豈能用任何方法，來强制上帝向他說話呢？

祈禱

祈禱常被視爲尋求上帝旨意的最佳方法，因爲這是人與上帝直接溝通的形式。藉着禱告，人清心地來到上帝跟前，心無旁騖，專注地仰望祂的聖臉；藉着禱告，人將他的焦慮和期盼，毫無保留地向上帝陳訴，呼求上帝予以援手；藉着禱告，人宣告自己再不是自足的，自己不能主宰生活的一切，必須倚賴上帝的介入，顯明祂的心意。祈禱是人尋找上帝、與上帝溝通最主要的途徑。

就我們的信仰經驗看，祈禱也是上帝尋找人，與人溝通的一個主要途徑。上帝喜歡聆聽祂的兒女向祂禱告，也憐恤他們的輭弱，體察他們的哀情，並且在適當的時候（祂預定的時間）予以救援。上帝是回答人禱告的上帝，雖然有時並不按我們願望裏的時間或方式，但祂總不會永遠沈默。

然而，儘管上帝常常應允人的禱告，卻不要因此便誇大了禱告的「效用」，甚或將信心由上帝的信實轉移至人的恆切禱告之上。千萬不要視祈禱爲具有法力的咒語，可以操縱上帝，教祂隨祈禱者的心意而運轉。祈禱的長短多寡，與上帝是否垂聽沒有邏輯上的因果關係；祈禱的迫切性，也不是令上帝無法不按照我們的訂單供應需用的有效武器。上帝是主，祂有絕對的主權回應或不回應，倘若祂願意答允人的禱告，也僅是出於祂的憐憫和慈愛，而非關人禱告所積下的「功德」。沒有甚麼是理所當然的。

並且，基督徒在祈禱的操練裏，主要學習的是鍛煉我們對上帝的信心 (our faith)，「專心仰賴耶和華」，卻不要藉祈求能否應驗來考驗上帝的信實 (the faithfulness of God)。在禱告裏我們一方面將自己所關心的和憂慮的交託上帝，另一方面也預留空間容讓上帝自由地改變我們所關心的和憂慮的，故不是努力改變上帝的心意來遷就我們的心意，恰好相反，是改變我們的心意來遷就上帝的心意，就像耶穌在客西馬尼園的祈禱：「然而，不要照我的意思，只要照祢的意思。」（太二十六 39）無疑我們渴望上帝如自己所願的及時回答禱告，但卻必須同時認定：要是上帝不回應我們的緊急呼籲，也自當有其美善的聖意的。[1]

讀經

讀經是另一個發現上帝旨意的方法，但要是祈禱還不能保證必然讓我們尋到上帝的心意，則讀經就更不容易了。必須留意，筆者在這裏討論的不是上帝一般性的倫理規範，卻是在個別具體抉擇裏的指引，就前者無疑聖經有清晰而詳備的記載，後者卻無迹可尋、面目難辨。畢竟我們都知道，聖經有其客觀而固定的內容，並非專爲我們個別的需要，度身訂造而寫成的，那又怎能期望下午應否赴某個約會，聖經都有針對性的指引呢！

許多信徒也許會抗議說，上帝豈非常常藉聖經對我們說話，給予我們特殊的指引嗎？特別在每天的靈修生活裏，上帝會特別給我們一兩節經文，針對我們的需要，教我們知所行止的。難道這種讀經方法是不合法的嗎？對於這個詰問，筆者的答覆是：一方面我們必須同意上帝可以用任何方法對我們說話，包括藉着一棵草、一朵花、一個人的提醒，或主日崇拜的講道……，這是祂的自由與主權，人不得在此置喙，所以，要是祂使用一些原來與我們的處境無關的文字（不一定是聖經，屬靈書籍或詩歌也可以）向我們說話，也是極其合理的，人須要恆常保持敏感的心靈，諦聽上帝向我們發出的天籟。但另一方面，我們卻須極其小心，不要自由心證地隨便靈意解經，穿鑿附會的把與經文原意全不相關的意思讀進去。

聖經無疑是上帝的說話，而非僅是一部古典作品或歷史文獻，上帝的說話是永遠立定的，它不僅在昔日成了以色列民及初期教會信徒的行事指引，也在今天繼續提醒並規範着我們，所以，聖經並非只擁有歷史的意思(what it meant)，也有此時此刻的含義(what it means)。教會的責任，是在聖靈的帶引下，努力在歷史的意思裏發掘聖經對現代人的意義，貫通經文(text)與處境(context)的鴻溝，此即講道的職事。宣講乃教會首要的任務，亦是其存在於世的最大意義和目的。

但是，在充分肯定聖經現世應用的價值的同時，我們仍必須强調，此時此刻的含義，並非自由心證式任意聯想得來的，也不能單訴諸聖靈引導而妙手偶得（否則爲何不乾脆聲稱聖靈給我們啓示第六十七卷聖經？），卻是須要受約制於其歷史的意思。換言之，基督徒的研經，必須首先不帶有任何主觀的偏執與成見，以客觀的方法（福音派教會强調的，是文法與歷史的釋經[grammatical-historical interpretation]）來求得聖經的正確原意，千萬不要把自己的想法與期望讀進聖經去，以致歪曲了經文的內容。只有在確定了聖經所承載的確實道理和教訓後，我們才在這個基礎之上，尋求聖經對自己處境的合法應用。[2]

無論如何，雖然上帝可以藉着一些與我們的處境無關的文字向我們說話，但這例外的情況，是祂特殊的恩典，必須隨聖靈自由的感動而成。讀經者萬不能主動又刻意地逕自聯想，胡亂推敲，任意「強姦」聖經作者的意圖（這是信徒在靈修讀經時常犯的毛病，那些鼓吹甚麼「生命讀經」的就更常有此危機！）。換言之，我們不應主動去探究經文字面背後的「深層」意義，企圖藉此尋求上帝的旨意。

這與我們聽道的正確態度也一貫相通。無疑在聽道時，講者的片言隻語，常常會驀然敲擊聽者的心，讓我們被聖靈光照，看到自己的困境，及上帝啓迪的出路，而這些片言隻語，可能並非講者的主題講述，甚至僅在無心的情況下說出來的，我們可爲此「無心之得」而感謝上帝，這是祂特殊的恩典。但是，聽者卻不得將此特殊恩典正常化，主動而刻意地搜索講章裏與自身處境可能相關的靈光啓迪，而非客觀虛心地領受講者所要傳講的信息，容讓上帝不按我們喜好或需求向我們說話。聖靈特殊的恩典是人主動求不得的。[3]

環境因素

環境因素當然也是尋求上帝旨意的一個有力證據。通常我們會以一件事的順或逆、困難能否迎刃而解，或目的能否實現，來試探是否上帝的旨意。許多年輕人決志委身事主，報讀神學，以便加入全時間事奉者的行列以前，便以這個方法來確定上帝的旨意。譬如說家人的攔阻是否激烈、經濟困難是否最終得以克服、入學考試能否通過……，諸如此類，若一切難關均順利通過，則他們便心安理得，自信確爲上帝的呼召，獻身事主乃屬上帝的旨意了。

筆者必須强調，這是一個合法尋求上帝旨意的方法。信徒必須在行事爲人上，聆聽上帝隨時的引導，甚至即使我們所做的是如傳福音般理直氣壯的善行，也不能理所當然地認定必爲上帝的旨意，雖然我們可以勇敢地踏出去，但仍要預留空間，容讓聖靈的介入和改變（聖靈禁止保羅在亞西亞傳道，是其中一個例子，見徒十六6）。聖靈藉環境向我們說話，是信徒生活中屢見不鮮的。

但是，以環境因素來尋求上帝的旨意，較諸前面提過的祈禱和讀經，還要更爲危險與任意一些，也更容易被我們主觀的思想與期望所誤導。它的第一個困難，是信徒應該在確定了上帝的心意之後，才好進行一件事，抑或是在憑主觀信心進行一件事後，才藉環境因素來判定是否上帝的旨意。套在獻身傳道的例子，究竟一個人應該先確定上帝的呼召，才向神學院索取報名表格，還是在有了個人的負擔後，便應毅然踏上，然後試探上帝在整個報考以至入學的過程中有沒有強烈的攔阻，好證實上帝的選召呢？這是並不容易回答的問題。

事實上，這也就是我們在第一章提到「廣義定義」和「狹義定義」的差異的問題了。基督徒在做一件個人心裏迫切渴想的事時，應該以上帝主動地指示去做該事，抑或被動地沒有攔阻該事，為上帝的旨意呢？若我們採取「狹義定義」，就是說若無上帝的直接指示，根本就不作任何事，那便完全沒有機會用環境因素來試驗上帝的旨意。因為上帝若直接指示我們去移民北美，那在申請過程中縱然千山萬水，險阻重重，還是要勇往直前，義無反顧（怎麼知道困難不是上帝用來考驗我們信心與順服祂的方法呢？），如此環境因素（或順或逆）便完全不值一顧；但若上帝沒有指示我們移民，便根本連表格也不要拿，如此也沒有甚麼機會，探測上帝在環境裏的間接啓示了。所以簡單地說，主張環境因素是合法地尋求上帝旨意的途徑的人，必然同時對上帝旨意採取「廣義定義」的立場，否則這個途徑根本用不着。（筆者採取的，正是「廣義定義」的立場，見下章。）

另一個使用環境因素的困難，是並不容易就已發生的事情作神學的詮釋。無疑我們在作任何事情時，都渴望一帆風順、無災無險，但現實生活卻往往並非這樣，很少事情是眞的能按本子完成，完全不出岔子，也不偏離既定的目標或步驟的。一些外在於我們控制能力範圍的東西（諸如天氣、政治社會的氣候、其他合作者的表現，以至各樣霎時禍福），固然不在我們策劃或掌握之中，隨時改變我們的原定計劃藍圖；就是內在於我們的因素，例如性格的改造、知識及經驗的累積，通常也很少是直線發展，不出現任何挫敗與轉折的。如此，一件事的或順或逆、成敗得失，便很難孤立地看，然後判定爲是上帝促成或攔阻該事了。勝利主義並非判定上帝旨意的好方法，我們在第二章已討論過了。

同樣麻煩的是，到底該在何種情況下，才能拍板定案，宣告某事符合或違反上帝的旨意呢？一樁事的開首順利，不必然能保證最後竟功；開首遭遇困難，也未必以失敗告終。事實上，戀愛一事，往往在開始時都是非常順利，因爲大家都有意無意地將自己的瑕疵掩蓋，單讓對方看到美麗的一面，並且在意亂情迷之際，也不容易冷靜地發現對方合適與否。只有待「浪漫期」過後，歧異才會突顯出來，衝突也隨之增加了，但這不一定表示感情出了問題，或上帝攔阻這段感情，極有可能因着衝突的出現，感情才健康地發展下去呢。無論如何，很難單就事情在某時期的或順或逆而作定奪。該在甚麼時候「蓋棺定論」，實在不能一概而論，或總結出若干基本的原則，必須按不同個案裏的不同情況，作個別考慮。

環境因素是可用的方法，但使用並不簡單，也很容易受個人的喜好與情緒左右，帶來偏差性的結論。

肢體的認可

最後，長者的意見和肢體的認可，也是我們必須虛心聆聽、愼重參考，好在其中發現上帝心意的方法。這不僅是他山之玉，可以攻錯，從別人過去的成敗經驗來幫助自己作明智的決定，更重要的是，若我們不將信仰個人主義化，不將自己的信仰與生活視作與教會及其他肢體無關，僅為上帝與我之間的「私事」，卻認定我與別的信徒血肉相連，互相分享和分擔各人的成敗得失，「若一個肢體受苦，所有的肢體就一同受苦；若一個肢體得榮耀，所有的肢體就一同快樂。」（林前十二26）則我們作任何事情，都必須考慮（注意：不是盲目「遵從」）別人的感受，並且評估做這件事之可能對別人乃至整個教會帶來的正面或負面的效果（是否有好的見證，或是否羞辱基督的名）。我們必須向肢體交代，聆聽他們的意見。

要是我們所作的抉擇，乃是與教會的職事直接相關的，諸如從事某項事奉，或奉獻念神學等，則別的信徒的意見，就更形重要了。因爲事奉畢竟有別於個人的自我實現，異象不同於個人的夢想或野心，大使命從來不是由基督授予一個基督徒的，我們所作的一切福音使命，都是在教會內與別的肢體相配搭，彼此合作，才能促成的，沒有唱獨腳戲的餘地，英雄主義也派不上用場。如此，任何人在教會裏要推動某事，必須先徵得其他人同意，或者設法感召別人，使他們分享自己的異象，然後才好落實。而奉獻念神學的，更要得到長執及會衆的認可，在性格及恩賜上皆確定爲合適，才能付諸行動（神學院今天規定的報考方法，正是如此）。

但說到這裏，可能已有人感到不安：倘若別的信徒，包括屬靈長者在內，乃至整個教會的決定都錯誤了，那怎麼辦？畢竟眞理不是由多數支持來判定的（舊約的先知豈非多爲「衆人皆醉我獨醒」嗎？），教會也無法保證永不犯錯（歷史上教會的錯誤可多着呢！），我們怎能將一切是非對錯的標準都委諸別人身上呢？對，這個不安非常合理，也正是本文所要說明的。無論我們認定參考長者的意見和肢體的認可是如何的不可或缺，總不能簡單地便把這些等同爲上帝的旨意。上帝的旨意與教會的意見，兩者有經驗上的因果關係，卻無邏輯上的因果關係，除非我們肯定教皇無謬誤論或教會無謬誤論，或把任何人看爲上帝的代言人，否則人的意見總不應視作來自天上的梵音。[4]

信徒的意見和長者的訓誨，不足以成爲上帝意旨的合法保證，除了因着上面提到人的罪性與容易犯錯外，另一個較現實的原因，便是就歷史與經驗言，一切劃時代的歷史轉折，無論是新事工的開展、新的神學觀念的突破，都必然是建造在對前人所做過的東西及所抱持的既成觀念的否定之上。沒有破就沒有立，歷史發展從來就不是直線，而是辯證式的：既承繼前人的經驗，又批判前人的結論。因此，倘若我們所要抉擇的東西，都必須得到現存教會的接納和認可，才能合法地進行，則教會便很難期望有任何更新和突破了。誰會眞箇願意自拆牆腳，甘願破壞傳統、放棄成見呢？任何新的事工或觀念，必然招來現存的傳統（甚或「既得利益者」）的反對，這是無法避免的。所以，我們既不應、也不能將任何信徒或屬靈長者的意見，視作上帝不變的旨意。

無十足把握的途徑

好了，我們已檢討過包括祈禱、讀經、環

境因素、長者意見與肢體認可等幾個尋求上帝特殊旨意最通行的方法，可以看到，這些方法都是可行的，應爲尋求上帝旨意的人所考慮的，但卻也是並不穩妥、無十足把握的。所有方法只能爲人提供一些向上帝敞開心靈的出口，教我們敏銳於祂微聲，或間接的帶領，但上帝是否運用這些出口來跟人說話，祂仍是擁有完全的自由和主權，任何人不容置喙。上帝可以使用以上任何一種方法，或另闢蹊徑，也可以拒絕向人豁露祂的心意。要是祂果眞拒絕向人說話，則任憑我們做足一切預備工夫，豎立的天線接收器更靈敏，還是一籌莫展、無計可施的。我們萬不能以爲人既然做了他的本分，既已恆切祈禱，又殷勤讀經，那上帝便不得不天從人願的，按着某些屬靈規律去啓示祂自己。當然，我們可以按着上帝的慈愛和信實，相信祂不會對其兒女撒手不顧，永遠保持緘默，但上帝總仍會因着某些「更高的善」，或我們無法明瞭的理由，對我們隱藏祂的臉光。[5]

上帝特殊的啓示，是人永遠不能綜合出某些規律，然後穩妥地尋得的。一切惟獨恩典。

註釋

1. 加爾文對祈禱的看法，可供我們作參考和警戒。他指出祈禱的目的有四：第一，祈禱可以幫助我們將生命目標校正朝向上帝，更熱愛祂，願意事奉祂；第二，祈禱幫助我們釐清自己眞正的需要，改變我們熱切追求的對象；第三，祈禱引導我們常存感恩的心，發現上帝在生命裏的賜福；第四，祈禱改變我們對上帝的心態，認定祂是慈愛的，不管遭遇何事，均有祂的美意與上好的安排。參 Howard L. Rice, *Reformed Spirituality* (Louisville: WJKP, 1991), pp.75 ～ 80。另參筆者：「求主教導我們禱告」，收本書「附錄二」。

2. 釋經方法及其現代應用，是一個極大的課題，很難期望在這裏以短短的篇幅便處理得了。一般解經及研經方法的入門書，大抵都可以幫助讀者對此問題有基本的掌握。筆者於此要特別推介斐爾(Gordon D. Fee)所寫的一本近著：*Gospel and Spirit: Issues in New Testament Hermeneutics*, (Peabody: Hendrickson, 1991)。作者站在福音派嚴謹釋經的立場上，揉合了其五旬節宗背景對聖靈啓迪的敏感，實際地為我們作釋經示範，及討論有關釋經方面的各種問題。

3. 筆者在一本關於彼得前書的講經集裏所寫的一段說話，可以作為這裏的一個註腳：「……當然彼得前書不是為九七寫的，回答的也不是這個時代的問題，總不能犧牲掉經文來成就我們的處境。故此我們必須忠實地面對聖經其他的教導，並且謙卑地讓聖經提升我們的關懷層面，使我們不致陷入自己的處境問題的漩渦而無法自拔。所以，我們……一節節的釋經，不輕忽任何一句說話，也不急於求得政治、經濟問題的答案。我們既已向上帝忠實地發出了我們的求問與質詢，就該謙卑地靜默，聆聽上帝的說話，祂自由的、不受我們議程限制的回覆。」見《激流中的委身——

國殤後看彼得前書》（香港：卓越書樓，1990），頁171。

4. 這裏我們得對教會的權威有一持平的看法，一方面並不將之絕對化，視爲眞理的擁有者；另一方面也不將之完全相對化，視爲僅僅人間任意的社團。天主教會之將教皇及其代表的教會傳統絕對化，看成與聖經具有相同權威的做法，固然大大不妥（Hans Küng, *Infallible? An Inquiry* [New York: Doubleday, 1971] 就此問題的討論對我們相當有助）；但如同小羣教會般的將所有傳統予以踐踏，或認爲自保羅以後，除了極少數眞實信徒外，教會整體地墮落了二千年的說法，都是全無根據的。要是教會徹底腐敗了，那作爲元首的基督耶穌，或保惠師聖靈，就不知道該負何種責任，祂果眞是遺棄了二千年來一貫的教會？並且，要是教會純粹爲謬誤充斥的人間組織，那正典的確立、重要教義（如三位一體、基督二性）的建構，也統統可以犯錯了，如此今天我們便連「惟獨聖經」也無法堅持。所以，我們拒絕「教皇無謬誤論」或「教會無謬誤論」，卻要堅持若干程度的 *consensus ecclesiae catholicae* (*consensus fidei*)；就是說，上帝保守祂的教會（特別是早期的教父），在重大的教義問題的定案上，是具有規範性的權威的，只是這些定案，一定不能與聖經的說法相衝突。

5. 也許出於敬虔的理由，我們否認上帝緘默的事實，但在個人經驗以至人類歷史裏，許多苦難或荒謬的事不知其根由何在，人呼求上帝介入而始終得不着回應，卻仍是屢見不鮮的。這正構成「苦罪問題」的其中一個重要部分。典型的例子可參杜斯妥也夫斯基 (Dostoyevsky) 著，耿濟之譯：《卡拉馬助夫兄弟們》（臺北：遠景出版社，1977），特別是「大宗教裁判官」一章，頁301及下。此外，筆者在中學階段念過遠藤周作的《沉默》（朱佩蘭譯，臺北：道聲出版社，

1974）一書，也產生了極大的震撼。上帝所作的一切，畢竟非人意所能盡明。

第六章

憑理性與喜好作抉擇

緊接前二章我們討論過的話題：對於關涉倫理價值的抉擇，上帝自有其永恆立定的話語，容讓我們查考和應用；至於無關倫理價值的抉擇，除非上帝主動向人啓示祂特殊的旨意，否則我們也沒有任何有把握的方法，可以探測祂的意向。對此也許我們便很憂慮：若上帝不將祂具體確實的心意向人陳明，人將如何就一特殊的情況作出抉擇呢？筆者的答案是，就憑着我們的理性與喜好來抉擇吧。

這個說法驟耳聽來，非常大逆不道，這豈非鼓勵基督徒偏行己路，不隨從上帝的心意，只隨從肉體的私欲嗎？我們的理性與喜好既是敗壞不全的，又怎麼會引領我們往正路去了？還有，這種說法豈非鼓勵我們不耐心等候，而像掃羅獻祭般妄自逕作，自掘墳墓嗎？一大堆的疑問責難，必然排山倒海地湧至，教人喘不過氣來。（事實上，在「如何尋求上帝的旨意」一文發表以後，筆者從不同的學長前輩口中，直接間接聽到的正是這樣的指責。）

祈求，但不自由心證

筆者首先要强調的是，基督徒絕非不用將自己的困擾與難處向上帝陳明，尋求祂特殊的帶領，這是任何一個建立了穩定禱告生活的人都必定會作的事。每天清晨我們都會將一天要應付的困難與責任交託上帝，希冀祂賜予我們智慧與能力，及提供隨時的幫助；每天晚上我們也將當天的成敗得失帶到上帝面前，爲小成感恩，爲大謬認罪。我們某些迫切的期望，或遭逢重大的抉擇，也必然成爲向上帝禱告時的主要議程，甚至爲了使自己更淸心，更敏銳於上帝聲音的緣故，我們會特別就一個抉擇作退修內省、禁食禱告（禁食只有這個目的，並無賺取善功、「孝感動天」的功能）。至於讀經、徵詢屬靈長者的意見等，也是必然作的事，毋庸在這裏再贅言。

但是在求問了上帝以後，我們須要忍耐、等候上帝按祂的時間表及心意而作的回應（甚或不回應），而不應隨意把某段經文，或某人的言論曲解，好湊合爲我們需用的答案，胡亂猜度說上帝的旨意在這裏，上帝提供的答案在那裏。這樣的做法，才眞正是妄自逕作，偏行己路呢！畢竟我們若對主對己誠實，總得承認沒有人眞能完全避免將自己的迫切期望和心靈深處的渴求，對象化與人格化爲上帝的旨意，所以過分刻意而任意的詮釋是非常危險的，我們寧可接受上帝並無特殊啓示的事實，遠勝於找個僞上帝來權宜冒充。

有關這方面的例子可多着呢！一個基督徒，迫切地欲做某件事，但因該事本身略帶爭論性，好壞難判，別人的譭譽也參半，故他一時也下不定決心，及後在讀聖經時，發現某段經文有個「去」字，覺得是上帝對他的指示，容讓他去作成心中的願望，於是便奮勇直前。他也許沒有發現，就在所讀的同一段經文裏，亦有一個「站」字，同樣可能是上帝指示他不去作該事的證據。這裏筆者並非說他故意自欺欺神，單單尋找有利於自身期望的徵兆，把聖經當成是支持經文 (proof-text) 的泉源，問題的關鍵是由於他對作成該事的期望太殷切，以致不自覺地便限制了視界和聽覺，過濾掉一切不利的信號，只捕捉到與自己心意相通的啓示。如此當局者迷的情況，根本無徹底防範的餘地。（許多身罹絕症的病人，不是僅喜歡聽能夠痊愈的應許，耗盡畢生積蓄來購買甚麼獨步單方的虛假希望，而拒絕接受逆耳忠言嗎？）

有位弟兄曾告訴筆者這樣的故事：他在念書時暗戀了一位同校但不認識的女孩子，爲希望結識她而禱告多時，每當從朋友口中偶然聽到有關該女孩子的消息，便視爲上帝鼓勵他保持信心的信息，於是更恆切禱告。過了好一陣子，他竟然在一個基督徒聚會裏碰着她，得知對方也是基督徒，心中的興奮雀躍，就不言而喻了。他非常感激上帝，只差沒有開感恩會而已。及至最後，當他眞的認識對方，又知道對方已有一位感情發展得頗爲穩定的未婚夫時，那種絕望的感受還不是最難熬的，更痛苦的是，他要重新爲各樣似乎是極明顯的環境證據重新詮釋，好爲上帝尋求開脫，以免心懷怨恨，怪責上帝欺騙了他。筆者敢相信，以上的例子絕非是罕有的，不少基督徒都或多或少經歷過錯誤詮釋上帝的旨意的。

自由心證去詮釋上帝的旨意，不獨不會爲我們帶來心想事成的喜劇結局，反倒動搖了我們的信仰，教我們在事不遂願時埋怨上帝。與其如此，爲甚麼我們不坦白承認，如今我們尚未得到上帝明確的指示，我們所作的，只是出於自身的意願與抉擇，與上帝沒有直接關係呢？一切妄自逕作的罪，都不會比妄尊自己的旨意爲上帝的旨意來得大，後者是抵觸十誡的第二誡，把非上帝說成爲上帝啊！

也許有人會說，倘若上帝沒有直接的啓示，則人根本就不應作任何事，只該專心等候耶和華。這說法不無道理，要是一件事我們能夠耽待，不急求成於一時，那慎思明辨、緩作決定，直等待上帝的旨意水落石出的時候，也是很有智慧的。但問題是，人甚少有如此奢侈的空間與時間，可以容讓他按兵不動，耐心佇候上帝的特殊訓示。一個年輕的畢業生，很難在未知上帝對其一生計劃時，甚麼工作也不申請，光呆在家中等候上帝旨意的；再誇張地說，難道每頓飯之前，若不清楚求得上帝明確叫我們吃飯，或指定吃甚麼菜，則我們便寧教餓死也拒絕進食嗎？筆者有理由相信，純粹用「狹義定義」的上帝旨意（即若上帝沒有直接命令人作某事，人便拒絕作），一定不能讓基督徒生存下去。理論儘可說得動聽，實踐卻是萬萬不成的。

既然我們必須在若干未曾求得，也不知能否至終求得上帝旨意的抉擇上做決定，又鑑於過分刻意而任意詮釋上帝旨意會帶來極大的危險，則寧可承認上帝並未有特殊啓示的事實，坦然地運用自身的理性和喜好去作決定，便總較胡亂指派某些徵兆爲上帝旨意來得更安全，更不妄自逕作、偏行己路。

理性的應用範圍

其次，憑着人的理性與喜好來作抉擇，並

不等於便是隨從肉體的私欲或偏行己路，沒有特殊啓示，總仍有普遍啓示呢！上帝一般性、原則性的要求，是清楚而充分地在聖經裏向人啓示了的（改革宗强調聖經的啓示是充分的[sufficiency of the Bible]），人不能在大是大非的問題上，推搪說上帝的旨意暗昧不明，這包括人應該隨從聖靈抑或肉體去作抉擇的問題。所以，立足在聖經啓示之上的抉擇，就與是否隨從肉體的私欲全無關係。只是在於一些與倫理價值無直接關係（如擇偶、擇業）的事上，倘若沒有上帝明確的特殊啓示，人的理性與自由意志，才有權發揮作用。換言之，這裏提到理性與喜好，並非完全自由無憑，任教人做甚麼也可以，卻是要受聖經與聖靈的引帶所約束的；理性與喜好的應用範圍，也僅局限在上帝並無直接的特殊啓示的抉擇上。要是上帝已彰顯了其神聖諭令，則人的抉擇自由也立即被褫奪了（參第五章）。

事實上，勉强把上帝的旨意與人的旨意完全對立的做法，除了看起來頗爲敬虔偉大外，是既不合理又辦不到的事。畢竟我們得承認，儘管人性因犯罪而受玷污，理性與知識仍是上帝對人的厚賜，[1]人被上帝救贖更新後，仍可運用自由意志和知識才幹來服事上帝，正如我們的身體被基督買贖後，成了聖靈的殿宇，我們的思想、感情、意志(傳統「三元論」稱之爲屬魂的部分)怎麼不能經買贖已更新過來,做爲服事上帝的工具呢?

當然,這裏我們的意思不是說人的理性可以被「聖化」至一個地步,得以直接地認識上帝及祂的旨意,毋須上帝主動的啓示。人仍然無法認識上帝,只有上帝才能使人認識祂自己,人必須首先發現理性的限制,放棄以自己的理性來探究上帝的理性,然後才不讓自己的理性限制上帝的理性,容讓上帝的理性自由地向人說明祂自己。[2]這正是筆者抗拒以任何人爲的手段(包括祈禱、讀經在內),來作爲操縱上帝發言的方法的理由所在,上帝是上帝,祂擁有發言及緘默的主權與自由,人不得干涉過問。但是,上帝的理性不同於人的理性,兩者屬於不同的層面,卻同時也正好說明了兩者並非必然無法兼容啊!

上帝是自足的,祂的全能,毋須以強力制服人後才得以證實;祂的全智,也用不着藉羞辱人的無知才被彰顯。正如詩人在詩篇九十篇所指:縱然上帝永恆而人生苦短,縱然在上帝絕對的標準下無人能以自己鄙陋的成就自恃,但上帝卻無意要全然否定人短暫生命的價值、否定人有限成就的價值。詩人最後的祈禱是:求上帝讓我們在過眼雲煙的短促人生裏得享快樂，又願祂堅立我們手所作的工。[3]

布爾仁 (Emil Brunner) 乃據此來爲人的理性重尋其合法地位。他指出，人即使在犯罪後，仍保有上帝的形象，仍須要向上帝負責。人不能藉其犯罪而取消了與上帝的關係，卻只能扭曲之，由順服一轉而爲悖逆，但上帝之可以按着人的悖逆來追討人的罪，正好說明人的理性並不因犯罪便全失作用。事實上，受造物永不能獨立於上帝而存在，上帝的作爲顯示在受造物中，所以自然啓示 (natural revelation) 乃遍在於自然及人的良心之內；上帝對世界的護理 (providence)，也證明了祂爲世界所設定的神聖法則 (divine ordinances)，仍繼續有效。如此，人的理性可以發現上帝在自然裏的神聖法則，藉此建構社會和歷史中的倫理規律（即「自然法」）。[4]人的理性不能使人得救，或取代上帝的特殊啓示，卻可以使他過一個向上帝負責任的生活。

要是我們相信生命完全受上帝統管，一切事情若非得到上帝准許，不會臨到我們身上，則我們的成長、教育、思考與判別是非能力，總不會是完全與上帝對立、一無是處的。所以，把上帝的旨意與人的理性抉擇看爲水火不相容的兩回事，是不合理的；當然有些時候我們的決定並不符合上帝的心意，但不會永遠地、必然地如此。

個人的責任

此外，從實際的角度來看，我們眞的可以全然撇除個人的喜好與抉擇，單純地尋求上帝的旨意嗎？有誰會打開教會的名冊，先剔除已婚及有固定對象的異性，然後將餘下的名字逐一向上帝提名，尋求祂在擇偶一事上的指引，而非先對某個異性心存好感，才向上帝求問他們走在一起是否符合祂的心意？有誰是先將上千項的職業寫在卡片上，經祈禱後制籤出來，看看上帝委派我去當甚麼工作，而非先據自己的專長與興趣作篩選，然後才將幾個可能的行業帶到上帝面前？有誰不是首先對自己的現有工作不感滿足，或者對另一項挑戰有更大的興趣，然後才詢問上帝是否容許我轉換工作崗位，反倒是在每天都求問上帝一下，看看是否須要另擇棲身良木，並沾沾自喜地以爲這樣做才是敬虔忠心呢？

（對於最後一個例子，有幾句話必須在這裏補充：基督徒對上帝開放，容讓祂在任何情況下介入及改變我們既定的計劃，是很正確的事奉態度，可是卻不要以此來作爲藉口，教我們對昔日曾作的抉擇，及今天有的機會和職責，或有鬆懈和推諉，以及不願意對任何事奉或羣體作長時間的委身。要是我們認定如今的工作已是上帝的恩賜，已能教我們忠誠的服事，就不應每天求問：上帝是否仍要我們留下來，頂多每年來一次生活目標的大檢閱，便很足夠了。要是筆者的教會裏有一位同工，每日都像隨時即將離去的樣子來事奉，總不願作長期投入與計劃的承諾，則筆者將毫不客氣地第一時間便革退之。基督徒必須有「認命感」：忠於所託，全情投入。）

既然我們不能將自己的理性與喜好，排除出每一個抉擇之外，我們便也無法爲已作的抉擇推卸責任，說一切所做的決定均與我們無關，純粹是上帝脅逼我們的結果，故或成或敗，皆應算在上帝頭上。我們不能對枕邊人說：「你不是我的『愛人』，只是上帝爲我盲婚啞嫁的配對」；又或者在面對事奉上的難處時，抵賴說：「這可不是『是自己底手，甘心放下世上的享受』，只是上帝勉强我去做非己意願的事」。不！我們是有分參與在每項抉擇的過程中，有分給予意見，並且作最後的拍板的。上帝從來不會眞箇取締了人的自由，教人像傀儡般任由祂擺布，像奴隸般完全失去主宰個人行動的權利。雖然我們或許聆聽到上帝的呼召，或許主動地要配合上帝的計劃，但畢竟那還是我們的決定、我們的抉擇。

筆者在此並非鼓吹甚麼「人神協作」（共同創造[co-creation]），認爲上帝並無爲歷史和人生設定任何詳細的藍圖，未來是完全敞開的，人與上帝共同合作，創造未來的歷史。筆者卻是相信，上帝儘管已爲人類的將來敷設了祂的軌迹，並且以祂的大能保證將之實現，故人的參與與否不足以構成改變上帝計劃的「變數」，但人在是否參與、是否配合上帝的計劃一事上，仍是有決定權的。所以，不是我們有能力改變上帝的歷史計劃，卻是我們有能力去改變我們在歷史裏所扮演的角色。就像末底改對以斯帖所說的話：「此時你若閉口不言，猶大人必從別處得解脫，蒙拯救；你和你父家必至滅亡。焉知你得了王后的位分，不是爲現今的機會麼？」（斯四14）上帝定意拯救以色列民，是「常數」，不因個人的順服與否而有所改變；但人在其中仍可以作抉擇，定意在上帝的計劃裏扮演或拒絕扮演角色，並承受此抉擇帶來的後果。人於此不是完全被預定的，他仍有抉擇的自由；但他亦不是完全自由的，起碼他如今的景況與機會（「王后的位分」），也是出於上帝的計劃和預定。自由與預定，於此是弔詭性地並置一起的。

在那怕是最神聖的事奉裏，人的理性與喜好都起了相當程度的作用，並非完全由上帝擺布播弄，那在日常生活裏的各樣抉擇，就更難推卸自己的責任，推說無分於整個決策的過程中了。我怎麼能否認妻子是自己選的，而我的選擇至少部分是出於對她的外貌與性格的喜悅欣賞？我怎麼能否認今天的工作是自己選的，是我覺着這樣子的生活是有價值的投資？

「惟有當我肯定抉擇原出於我，是自己運用自由來取消其他可能性，則今天我之失掉各種可能性，便不僅不表示我失去了自由，反倒正是我運用自由的結果。並且，我必須對自己所作的抉擇負責任，我要忠實面對我的家庭和工作，承擔各樣的苦與樂，不能抱怨，不能後悔。也許在某一天，我會改變昔日對事物的看法，作過另一些抉擇；但只要一日我仍肯定這條路是我自己選的，我便沒理由怠懶、放棄。因為我知道，任何對今天我所在的處境的抱怨，其實都僅是對過去自己所做的抉擇和作抉擇的自己不敬。因為我知道，惟有我的努力和決心，才能把已抉擇的變成最好的，我是惟一可以證明自己的抉擇是對的人。」[5]

我們的喜惡、偏愛、感受、負擔，也許有時會與上帝的想法相衝突，卻總不會是就本質言便二分對立，不能和諧並存的。

憑理性與喜好作抉擇，絕非大逆不道，也不一定便抗拒了上帝的旨意。

註釋

1. 儘管筆者並不接納巴特的極端看法：將上帝與人截然對立，上帝的「是」就是教人及其一切的所屬變爲「否」，故上帝的知識與理性全然與人的知識理性不同，人的知識在上帝眼裏即等於無知，人的智慧亦被上帝視作愚拙；但是，卻仍對一些聲稱「所有眞理均爲上帝的眞理」(All Truth is God's Truth) 的說法不敢苟同。這個說法的錯謬有二：其一，它混淆了人間的知識與永恆的眞理。除非我們把「所有眞理」的「眞理」一詞，與後面「上帝的眞理」的「眞理」一詞小心區分，作出不同的定義，否則便意味着人的所謂「眞理」與上帝的眞理基本上是屬於性質及類別相同的東西。但是，人間到底有甚麼永恆不變的眞理存在？是自然或社會科學知識，抑或各種宗教或哲學蘊含的「智慧」？當我們說「所有眞理」時，可否確指某些自然科學的定律爲眞理，還是只能空泛地以一切知識皆有「若干眞理」存在來作推搪託詞？筆者的意思不是說人的知識因此便不重要或全無價值，但現代的知識論也鮮有人聲稱科學研究是欲尋找永恆眞理，而非僅是就自然現象作的有效的解說；知識是工具性而不是本體性的。自然科學如此，社會科學及人文科學就更加不會例外（更難想像有哪套社會學的理論可以被確認爲「科學的」、「必然的」，有眞理的成分，有效的理論也不見得是嚴格意義上的眞理）。其二，這說法也誇大了人與上帝的延續性 (continuity)。聖經裏提到上帝的眞理時，指的皆是祂的創造和救贖大工，特別在新約，耶穌基督將眞理個體化在祂身上（祂是「眞理」）。這樣子對眞理的理解，在人間是完全沒有可資比較或類比的地方，正如普遍啓示不同於特殊啓示，上帝在自然界及人心裏彰顯的作爲和智慧，即使不因人的罪行而被污染扭曲，或不因人的罪性而被錯誤接收，也是與十字架上的耶穌所揭示的作爲和智慧，全無銜接相通處的。把人的「眞理」與上帝的眞理相貫爲一，就很容易向自然神學乃至自然宗教大開中門，俾使它們得以升格爲擁有部分「眞理」（量的分別，而非質的差異）的地位。我們可以說，一切人間的理性活動及成果，皆從上帝而來，也爲上帝對人的恩賜，因此人的理性與上帝的理性不必然相衝突；但卻一定不能視兩者爲同質的東西，不能將任何知識絕對化、永恆化來看待。有關「所有眞理皆爲上帝的眞理」的主張，參 Arthur F. Holmes, *All Truth is God's Truth* (Downers Grove: IVP, 1977)，特別是頁 32 ～ 38。

2. 這正是巴特的觀點。參 *Dogmatics in Outline* (London: SCM, 1985), pp.17 ～ 18；*Evangelical Theology: An Introduction* (Grand Rapids: Eerdmans, 1979), pp.15 ～ 18.

3. 梁家麟：「願你堅立我們手所作的工」，收《生命雜誌》393 期，1992 年 7 月。

4. 布爾仁 (Brunner) 的觀點，參 *Man in Revolt*, trans. Olive Wyon (Philadelphia: The Westminster Press, 1947), pp.82 ～ 113；*The Christian Doctrine of Creation and Redemption*, trans. Olive Wyon (Philadelphia: The Westminster Press, 1952), pp.55 ～ 61.

5. 這是筆者在多年前所寫的一篇題爲「路是自己選的」文章的其中一段，原載《突破雜誌》132 期，1985 年 10 月，頁 28 ～ 29；後收入魯宗等著的《逍遙人生》（香港：突破出版社，1989），頁 92。

第七章
上帝旨意與人的旨意的協調

忠實地按理性生活

要是基督徒按着對上帝一般性旨意的了解，產生了一些合理的意欲和期望，並且運用上帝所賜的智慧和知識作抉擇推理，則除非他的決定和上帝就此事而特別作的啓示相抵觸，否則便可以心平氣和、良心安穩地行事，毋須憂慮這樣的做法是否干犯了上帝的主權，甚或行差踏錯，偏離了上帝既定的軌迹路線。不！若我的決定果眞與上帝的計劃有所不同，上帝自當會有攔阻，毋庸我去過慮。正如保羅的傳教計劃恆常被上帝打擾，以致一改再改，但他倒從來沒有爲已做的或正在做的東西憂心忡忡，恐怕它們乃在上帝的旨意之外。只要我們隨從聖靈的帶領，則一切祂自當會爲我們警告和開路。

龔漢斯 (Hans Küng) 在他的小書《教會

——在眞理中被保守》(*The Church – Maintained in Truth*)中斷言，眞理並非由教會所保守、捍衞，恰好相反，是永恆不變的眞理保守了教會。因此，教會毋須將她自己僞裝成冠冕堂皇、道貌岸然，彷彿永不犯錯的樣子，以爲若非如此，其所傳講的眞理就會大打折扣；也不用刻意建構一套具有絕對權威的教會理論，並將福音眞理的權威，奠立在教會的權威之上。不！教會是可以犯錯，而且也事實上常常犯錯的。歷史正告訴我們，教會同時期傳講永恆的眞理，又屢犯錯誤，如同基督徒既爲罪人又同時被稱義一樣。眞理的來源既爲上帝，就由上帝親自立定，毋庸個人或人間的組織去予以證實的，人不能賦予眞理權威，眞理的權威乃是本然自有的。教會並不護衞，亦不證明眞理，反倒眞理卻恆常地護衞及證明教會。是上帝的道和聖靈，時刻提醒教會，教她不致在屢遭失敗中全然腐敗、無法翻身；眞理的聖靈在不同的時代中，興起先知和屬靈領袖，帶引教會走回她應有的軌迹去。同樣地，眞理的自我說明的眞實性和權威，也證明了那個破爛殘缺的教會，仍是上帝選召的羣體，她的傳講的職事，仍是蒙上帝悅納的職事。[1]

同樣的道理也可以應用在個別信徒的生活上，不是我們憑善功保守自己不致失落信仰，卻是信仰保守我們，在屢犯錯誤後而仍得翻身回頭。如此，我們毋庸為至終是否得救而患得患失，不用為面前的抉擇是否押注錯誤而誠惶誠恐，一切都在上帝的護理與保守之中。問題的核心端在於我們作決定時，是否眞的淸心無僞，心口如一，抑或口裏叫嚷某套義正辭嚴的道理，內心籌算的卻是另外一套（正如許多說正在尋求上帝旨意的人，其實是已自行作了抉擇，並付諸行動，只是由於結果未出，無法百分之百確定遂願而已）。只要我們按着良知和聖經眞理去行，也不忽略聖靈在心中隨時的勸戒和感動，則做甚麼也是旣合理又合法的。我們已盡了本分，得失成敗便留待上帝去做吧。「我雖不覺得自己有錯，卻也不能因此得以稱義；但判斷我的乃是主。所以，時候未到，甚麼都不要論斷，只等主來，祂要照出暗中的隱情，顯明人心的意念。那時，各人要從上帝那裏得着稱讚。」（林前四4～5）

筆者相信，參詳各方面的意見、權衡利弊得失，運用理性知識所作的決定，必然較穿鑿附會，靈意化解釋經文或環境現象來估量上帝的旨意，更加穩妥可靠。事實上，我們所作的每一件事，包括教會的聖工在內，都是如此進行的。在召開會議前，我們懇切的祈求上帝，幫助我們在每一個要決定的事項裏體察祂的心意，但在會議的過程中，我們每人卻認眞地運用自己的知識和理性，尋求一個一致的共識，及最可行、最兼顧全面的做法。我們不用憂慮這樣運用理性來思考會否僭奪了上帝的主權，也毋須在決定了一事以後，爲了合理化這個決定，而將之升格爲上帝的諭令。我們所有的是人的旨意，人的旨意不同於上帝的旨意，人的旨意也不必然干犯上帝的旨意。

拒絕作具體的識別

事實上，在日常的實務裏要穩妥地在某些具體的事上識別出上帝的旨意，不惟是難乎其難，甚至可以說是極其危險的。且以個人爲例，筆者在神學院裏擔任教務行政的工作，自信從來沒有任何行政決策上，計慮過個人的得失利弊，一切都是以大局爲重，權衡各方面的因素，然後作出最有效的決定，並且在決定的過程中，也敏銳於上帝隨時的引領，常中斷工作來伏案禱告。然而，即或如此，筆者卻從來不敢宣稱，某個行政決定是上帝的旨意，並以此來要求別的同工或同學無條件地順服（要是筆者作的眞是上帝的旨意，那其他人只好無條件順服吧！），我所能做的，是以理服人，用人的理性來證明所作的決定是最佳選擇。上帝的旨意並不在任何具體的決策裏。

我相信我的整個事奉都在上帝的旨意中，我所作的每個決定，或對或錯，都出於祂的准許或容忍，但是，我的任何具體決定，仍都是人爲的、暫時性的、有利有弊的、處境性的，可被批評、可被反對，也可以被修正，如此亦自然不是上帝的旨意。儘管我再靈力充沛、靈氣逼人，也不敢狂妄地自命爲上帝的代言人，把自己的「意見」看成爲永恆的「眞理」。

拒絕承認人意的合法性，勉强將人意提升爲神意，往往爲教會帶來嚴重的混亂和悲劇。有一個教會，主任牧師頗有大展鴻圖的決心，積極要求弟兄姊妹奉獻，支持拆建原來的教堂，但執事們卻不認同他的異象，拒絕贊同他的動議。牧師老大不高興，便列舉聖經來作爲必須興建新堂的論據：「這殿仍然荒涼，你們自己還住天花板的房屋麼？」（該一4）執事們對牧師以眞理自居反應激烈，乃回應說：「上帝果眞與世人同住地上麼？看哪，天和天上的天尚且不足祢居住的，何況我所建的這殿呢？」（代下六18）如此的金句大戰，後果如何，可以想像。

問題的核心不在於建造新堂是否上帝的心意，儘管教會一切的事工，諸如植堂、傳福音、宣教、關顧……，統統皆爲上帝的命令，但如何具體調配資源，決定事工推行的輕重先後，仍大致上與上帝的直接旨意無關，認同上帝要我們拓展福音工場，也不等於必然要支持明年在某地方開分堂啊！如何具體執行上帝拓展國度的心意，必須就整個教會的人力財力、弟兄姊妹的準備程度，及事工的優先次序來評估，討論應該是理性的，各人表達的也僅是意見而非眞理，引經據典並沒有甚麼好處或幫助。當然，筆者並不排除上帝會將某個特殊託付交給牧者或信徒，也同意教會事工的推行與否不能純以理性的態度來計慮得失，信心的踏上亦很重要；但是，若果個人的異象無法動之以情、曉之以理的說服其他人，個人的信心若不能激勵別人有同一心志，則再扣上帝旨意的大帽，也不見得便可以懾服羣雄，一箭定江山，分裂教會倒是可以預期的。

許多教會如今推行的民主體制，正是肯定了人的理性和喜好的合法性。當然，民主體制未必是最理想的制度，我個人並不反對若有教會在選立執事一事上，完全拒絕人的理性和喜好，單由公認的屬靈領袖來指派，或使用使徒行傳一章26節的「搖籤」方法，反正聖經從來沒有正面鼓吹民主制度，某種程度的屬靈專制也不一定不合法。但是，我也並不因此認爲，運用人的理性作選擇，以票選的方法來委任執事（參徒六3），有甚麼較不屬靈處！兩種方式的冒險程度，同是不相伯仲的。委實說，民主制度之被推崇，從來不是因爲這種制度最符合聖經的說法、最有效率、最容易聆聽到上帝的聲音，理由卻僅是消極的，因它最能防範屬靈專制帶來的嚴重禍害、避免了將任何人神聖化所可能產生的錯謬偏差。[2]

承認人意的合法性，拒絕將自己據理性與喜好所作的決定比附爲上帝的旨意；認定自己一生活在上帝的旨意裏，卻不具體地要求認出哪個決定、哪樁事件爲上帝旨意的彰顯。以上的生活態度，不惟不是冒犯上帝，卻正好是尊重上帝的表現。

上帝補足人的欠缺

肯定我所作的是自己的決定，可以讓我牢記，必須爲這個決定及隨之而來的後果負上責任。我的配偶是我選擇的，我必須珍惜之、愛護之，努力改造自己使配得上對方，也盡力增進、改善雙方的溝通和了解，因爲我知道，若是我的婚姻失敗了，也不會是由於命途多舛、彼此時辰八字相沖，或者上帝作弄、撒但施毒計所促成的，而僅是因着我（或我的配偶）沒有遵照上帝的吩咐，履行聖經所要求夫妻的責任。當然從信仰的角度看，我會認定婚姻是上帝所配合的，是上帝默然地認可調合我的姻緣，但這認定只會增加我對婚姻的神聖莊嚴感覺，及推辭不掉的使命感，而不會成爲我逃避或推卸責任的藉口。

這樣，相信「天命」的存在，就不會教人對生命抱持消極被動的態度：既然一切已經命定，人力無法挽回，再努力也是徒然白費的。不！我們拒絕這種命定主義，不承認自己活在一個客觀而冷酷的非人命運之中，卻只承認活在掌管歷史的人格上帝之下。既然上帝是又良善又慈愛的，也不計較我們的所有和所爲，更先接納了我們的所是，那麼，我們便可以踏實的、滿有盼望的生活下去，深信祂無條件的接納將教我們在跌倒後重爬起來，屢遭挫敗而仍不致對自己絕望。上帝在我們生命盡頭的說「是」，讓我們歡然奔路，直投祂的懷抱。

上帝的旨意本來就不同人的旨意，兩者屬於不同的層次：前者是宏觀的，高瞻遠矚、縱橫捭闔地兼顧人類歷史的全局；後者則是微觀的，再胸襟廣闊的人也只能計慮面前的人和事。如此，人的旨意自然與上帝的旨意不可同日而語，但也因此不能把它們視作同一層次的東西，進而認爲它們兩不相容。許多時，明明是人錯誤的決定、明明是人背逆了上帝的心意，卻長遠地促成了上帝長遠計劃的目標。人的思想有限，判斷力也常有偏差，但上帝的計劃卻永遠沒有差池，並且祂以自己無限的涵括力，使人的錯謬變得微不足道。祂的巨大的「是」，吞噬了人所有的「否」。上帝的正確，保證了人的錯誤不會使歷史發展偏離了祂原來的設計。

因此，我們最好把上帝的旨意與人的旨意視作並行不悖、互補並舉的。就上帝的旨意部分，我們認定上帝掌管一切，祂永不錯誤，且按照原定的計劃將人類歷史帶引至祂應許的結局；祂也從萬民中揀選了屬祂的兒女，爲他們各自預設了生活和事奉的方向，好配合上帝的國的拓展。就人的意旨部分，我們卻認定人是自由的，面前所有的抉擇和掙扎都是眞實的，我們必須承擔人的責任，旣積極尋求上帝的引領，卻又勇敢地嘗受因抉擇而帶來的焦慮和不安；憑理性作出帶冒險性的抉擇，並接受抉擇招來的後果。上帝的旨意不因人的旨意而虧損：人無論如何犯錯，都不會使歷史脫離上帝的掌握，上帝能使壞事變作好事；人的旨意也不會因上帝的旨意而變得不合法：除非上帝直接顯露祂的旨意，取消了原來的抉擇，否則人儘可負責任地作決定，勤懇地盡上個人的義務本分。

不過，一個正確的基督徒人生觀還應更進一步，拋開對未來成敗得失的顧慮，單就如今的機會和責任，來決定自身的行止。只問耕耘，不問收穫，我們關心的是某事是否應該做，而非抽空地估計它是否能收到最大的效果、是否配合了上帝隱而未顯的旨意。而在盡了自身的本分後，由於我們了解到個人的智慧有限、能力也不全，錯誤是不能避免的，故坦然地接受各種可能有的結果：失敗固然是合該的，無話可說；成功也不見得是自己的功勞，只是上帝恩典的補足吧。得固欣然，失亦無怨。如同保羅說的：「我栽種了，亞波羅澆灌了，惟有上帝叫他生長。可見栽種的，算不得甚麼，澆灌的，也算不得甚麼；只在那叫他生長的上帝。栽種的和澆灌的，都是一樣，但將來各人要照自己的工夫得自己的賞賜。因爲我們是與上帝同工的。」（林前三6～8、9上）[3]好個坦蕩蕩的人生觀。

註釋

1. Hans Küng, *The Church — Maintained in Truth*, trans. E. Quinn (London: SCM, 1980).

2. 尼布爾從人的罪性的角度出發，指出權力的集中必然帶來敗壞與腐化，故權力必須予以制衡，民主制度乃是較佳的保障，實在是非常有智慧的論斷。參 Reinhold Niebuhr, *The Children of Light and the Children of Darkness: A Vindication of Democracy and a Critique of Its Traditional Defense* (New York: Charles Scribner's Sons, 1972), ppXIIff.； *Christianity and Power Politics* (New York : Charles Scribner's Sons, 1940), pp.27 ~ 28 ff.

3. 這段經文，起碼讓我們看到兩個弔詭性（似非而是）的眞理，其一：保羅一方面承認自己所作的算不得甚麼，至少不是教事工成就的主要因素，但另一方面卻又認爲自己所作的工夫會影響到將來在上帝面前領受的賞賜。其二：保羅一方面承認功勞盡歸上帝，人只是無用的僕人，但另一方面卻又認定自己乃與上帝同工。這是一個對人的責任和角色最持平的看法，既相信自己無用，卻仍爲上帝所用；既知道自己實有所爲，但又確認一切乃是上帝的作爲。

第八章

結語

我們已夠詳細地討論過「如何尋找上帝旨意」的課題。總結以上所說的，尋求上帝旨意並不能對事情的得失成敗提供簡單解釋，更不能掩蓋人必須在該事上承擔責任，學習功課。上帝的旨意若是一般性和原則性的，已清楚向人啓示了，毋須人刻意尋求；若是特別就個別事件的具體指示，則人儘管應該敞開自己，容讓上帝向他啓示，並糾正他原來的想法，但總不能視上帝的特殊啓示為理所當然的，上帝可以對人保持緘默，留待人自行抉擇。要是上帝沒有特殊的指引，人按着聖經的一般性啓示，又憑自己的理性與喜好來作決定，便是理直氣壯的，不用憂慮會否與上帝的旣定計劃相衝突，反正上帝掌管一切，會以祂的上智，使萬事互相效力，使祂的旨意和人的旨意相諧和。

最後筆者要强調的是，尋求上帝未明的旨意固然是基督徒所關心的，但聖經重視的，卻是人對上帝已顯明的旨意的順服與遵行。聖經從來沒有鼓吹「神祕主義」，呼籲人去探索那位「隱藏的上帝」(hidden God)，卻要求人回應已向人說話的「顯露的上帝」(revealed God)。縱然山川河嶽均可神祕地、間接地傳述上帝的奧祕，但上帝卻沒有要求我們對大自然冥想，只吩咐我們遵行祂直接顯明的律法，並應許「守着這些便有大賞」（詩十九11，參詩十九全篇）。上帝是啓示者的上帝，祂若要我們遵行某事，就不會像玩捉迷藏般將之隱瞞，教人摸不着頭腦，不知所措。眞要這樣，而導致人誤闖了禁區，也不會怪罪到人的頭上；反倒上帝向人顯明的旨意，聖靈在人心裏的感動，若因人的私意被埋沒掉，便很難不招來上帝的震怒和審判了。

故此，眞正的問題是：基督徒如何遵行上帝的旨意。

附錄一

「不可妄稱上帝的名」

中東戰火爆發前後，交戰的雙方展開了大規模的宣傳性罵戰，由各自的最高領導人擔綱演出。他們互相譴責對方的行爲乃侵略、危害人類和平，又稱對方爲戰爭販子、希特拉、精神病患者、法西斯主義者……。用語既狠毒又激烈，不比在戰場上的槍林彈雨遜色。值得注意的是，罵戰者爲了加强他們語氣的辛辣性，往往訴諸一些宗教性的詞彙，如指責敵人爲撒但、惡魔；該受天譴、打入地獄受刑等；又聲稱上帝只站在他們那一方，保守他們至終取得勝利。此不獨（較「迷信的」？）奉伊斯蘭教的阿拉伯人如此誇言，即（世俗化的？）西方世界亦不例外。

把爭論的議題提升至宗教的層次，本來就不是甚麼奇怪鮮有的事。不同的人對同一件事物總有差異的看法，而要把自己的看法確立爲千古不易的永恆眞理，最佳辦法莫過如聲稱此眞理擁有宗教性質。這樣做除了可以爭取到絕對和永恆的資格外，另一個好處是，它也掩蓋了爭論的原來焦點、考慮的問題所在，以至爭論者的私人動機。如此，一切我對對方的批評和攻擊，都變得旣神聖又理直氣壯，再沒有甚麼手段是過激或殘暴的（對撒但難道還可以手軟嗎？），也不再容許有任何妥協讓步的可能（眞理與異端沒有相干、正義與邪惡勢不兩立）。只要我相信自己站在上帝那邊，則做甚麼也是合法的了。

從一個較同情的角度看，這種把自己的意見宗教化的傾向，本來是未可厚非的。對宗教徒而言，他絕不可能把信仰與生活割裂開來，分成兩個互不干涉的世界；基於信仰的需要（宗教信仰必然是統攝一切，有其完備的人生觀、價值觀、世界觀），以及其人格完整性的要求，他要努力把兩者結合：旣用信仰的角度來詮釋世界，又以世界的問題去回溯信仰的意義。譬如說，一個基督徒教師倘若不甘於星期天才做基督徒，平日只充當世俗的教師，則他自當努力探求教學工作的信仰含義，並且將其生活藉信仰予以神聖化。信仰於此爲他提供了意義的基礎 (ground of meaning)。如此說來，一個政客會努力尋求其政治抉擇的信仰含義，就好像六十年代始解放神學家把他們的政治和社會革命理想（大膽說，也包括了婦解分子在內）賦予神聖化與永恆性的信仰意義一樣，是難以斷其爲非的。

問題是：信仰除了可以被利用來理論武裝我的行動，爲我在作某事的背後所蘊含的各樣複雜動機之外增添一個新的理由外，是否也構成對我的抉擇的行爲的批判？信仰倘若是眞的、上帝果眞存在，是否便應有主動權，來告訴我甚麼爲是、甚麼爲非，而非任由我的利用與擺布？信仰是否只能用來詮釋世界，而不同樣也改變世界（先改造我自己！）？上帝果眞是主，信仰對我眞的有駕馭的能力，教我從自我的小框框（私利、偏執、成見）中跳越出來，看出身外更廣闊的世界？一個敬畏上帝的基督徒，必須知道上帝並非他的智慧的延伸，也不是隨傳隨到、任由其玩弄於股掌之上的玩偶；在我們認信祂是主之前，我們先要把自己淪爲祂的僕人，放下一切的是非眞理，以至個人的智慧；這些東西對我們在世上的生活是有價值和意義的，可是在信仰之內並無任何位置。

另一個同等重要的問題是：我們也必須分清甚麼是自身的執着和看法，甚麼是上帝的旨意。我們會有自己的政治見解、社會問題的抉擇，以及各樣的夢想和追求（包括民主、自由等崇高價值在內）；而作爲活在某個具體時空的我們，不可避免地也會對一個特定的國家、社會、文化、民族表示效忠。要徹底超越時空地思想是不可能的，嚴格地說時代的盲點也無法防避，但至少應把自己的見解與信仰的判定分開，甚至必要時教自己的信仰與生活分割也在所不惜。例如我喜歡資本主義社會，但我不敢說此制度符合了上帝的心意；民主政治是好的，但聖經卻並沒有民主的觀念（多大逆不道的說話。但我要指出，徐復觀敢於承認儒家思想並無民主觀念，比我們更有勇氣）；對於世上許多發生了的事（我也被包括其中），我都不具體地曉得上帝的旨意；我只是像馬丁路德所說，勇敢地生活，勇敢地面對犯罪的可能，深信是上帝的稱義，而非我的實際爲義人，叫我能生存下去。

最近看《星島晚報》一幅由某基督徒所繪的漫畫，裏面竟借上帝的口（畫裏繪的是：雲層中伸出了一隻手），來譴責伊拉克總統爲撒但，這確實令我有毛骨悚然的感覺。何時我們竟自奉爲上帝的說話總代理了？筆者在這裏絕對無意判斷中東戰爭誰是誰非（問題太複雜，非三言兩語可說），但忠奸分明、正邪大鬬法的理解，肯定是過分簡化了問題。並且，怪不得第三世界國家的人這麼不容易接受基督教了，因爲我們把上帝打扮成西方的上帝。

附錄二

「求主教導我們禱告」

「有個門徒對祂說：『求主教導我們禱告……』」（路十一1）

禱告是基督徒生活最基本的元素之一，是我們與上帝維繫關係的不可分割部分。沒有一個認識上帝、愛上帝的人，可以不向上帝禱告；更沒有一個眞實地奉上帝爲生命的主的人，可以不對上帝陳明他的喜怒哀樂、成敗得失和焦慮期望。打從我們悔改皈依的一刻開始，便應該已建立起穩定的禱告生活，並且在往後的日子，也應該越發切身體會到禱告是不可或缺的。如此，對基督徒而言，「應否禱告」是一個多餘的問題，仿似我們問「應否與太太溝通」一樣的無聊，惟一合法的問題，便是如門徒所問的：我們該如何禱告？

我們該如何禱告？這是一個至關重要的問題，尤其在這些年間，某些鼓吹靈恩運動或內在醫治的人，帶來了相當多對禱告偏差性的觀念與說法，造成教會內不少混亂，就使到這個問題更形迫切和眞實。於此，筆者得承認自己的禱告生活仍然膚淺，旣無特殊的經驗，也沒有甚麼獨特的見解，故只能整理一些前人的經驗和研究，再加上一點點的個人思考，草爲此文。（筆者特別要感謝楊錫鏘醫生，他於九一年十二月在建道神學院屬靈操練營內所分享的一篇題爲「禱告是甚麼」的講道，對我有不少啓迪。）

禱告不是甚麼

在未正面陳說祈禱是甚麼以先，讓我們首先掃除一些對禱告普遍存在的誤解，這些誤解是我們恆常不自覺地持守着的，甚至基於某些敬虔的動機，而把它們等同於聖經的教導。

1. 祈禱不是讓上帝知道我們需要的方法

上帝是全知全能的，祂知道我們的心思意念，也了解我們眞實的需要，毋須我們藉禱告向祂陳明祂才知曉。耶穌說過：「因爲你們沒有祈求以先，你們所需用的，你們的父早已知道了。」（太六8）又說：「所以，不要憂慮說：吃甚麼？喝甚麼？穿甚麼？這都是外邦人所求的。你們需用的這一切東西，你們的天父是知道的。你們要先求祂的國和祂的義，這些

東西都要加給你們了。」（太六31～33）

因此，倘若我們有某個需要無法滿足、某個期望落了空，這可不是因爲我們祈禱不夠全備，沒有告訴上帝我們有這個需要，所以祂既不知道，也就無法供應我們這個需要的緣故。不管我們有沒有因疏忽而做漏了某個祈禱匯報的手續，上帝還是會知道並供應我們的需用的。當然，祂之是否讓我們心想事成，必須看我們的「心想」是否同樣是祂的「心想」。不管怎樣，祂拒絕供應某個需用，與我們沒有告訴祂，因此祂不知道全無關係。上帝必定知道屬祂的兒女的需要，祈禱不是讓上帝知道我們需要甚麼的方法。

2.祈禱不是我們賴以操縱上帝的武器

關於這一點，很常有兩種偏差，必須分開來說。

a.祈禱不是咒語，沒有操縱上帝的能力

許多基督徒口裏雖不這樣說，心底裏卻是認定禱告具有某樣的法力，可以左右、改變，甚至操縱上帝的作爲。我們以爲只要禱告了，上帝就必然照單執藥，按着我們所期望的予以成就。他們相信，只要他們如此期望，也如此祈求，上帝就必會遂其願望，爲他們成就一切（那些信心運動的推動者，不是聲言“You name it, you claim it, and you gain it”［你說出它來，作出要求，便能得着它。］嗎？）。第三波神醫運動的推動者，甚至禁止人說：「若你願意，請醫治我」的說話，視之爲缺乏信心，故難爲上帝垂聽的表現！[1]不管他們如何爲這樣子禱告必蒙應允的說法提供屬靈的理由，如說慈愛的上帝必然會垂聽祂兒女的禱告，諸如此類，骨子裏他們都把上帝是否應允禱告的主權收歸己有。從某個角度看，他們已把禱告看成某種具有法力的咒語，上帝變成阿拉丁神燈裏的燈奴，受制於我們的咒語，必須按我們的吩咐辦事。禱告是咒語，可以指揮、操縱，甚至決定上帝的作爲。

另一種將禱告淪爲咒語的做法，常見於那些强調「內在醫治」的人身上。必須首先澄清的是，筆者絕不反對心理治療，也不反對將基督信仰用爲意義治療法的一種途徑，[2]但是，筆者仍有理由懷疑，將祈禱變成心理治療的療法，甚或變作如直觀 (visualization) 等思想操縱的技巧，到底還算不算眞正的祈禱？設若祈禱只是治療的一個程序，在上帝還未有機會說話回應之先，治療者已可以自行在治療程序的結尾宣告疾病的消除，上帝根本不用在整個祈禱乃至治療過程中扮演任何角色；那麼，禱告便只是驅魔作業裏的一個步驟，在功能上也與巫術的咒語並無甚麼分別。

b. 祈禱不是功德，不能以之來換取上帝的恩典

傳統天主教視祈禱爲一個功德，可以用來補贖個人的罪行，故此特別是念玫瑰經，更被視爲行善積德的一種方法。更正教的信徒，既相信「因信稱義」，理應撇除了這種對祈禱的看法，然而事實上並不如此。許多時爲了要强調祈禱的重要性、大有果效，我們在不知不覺間便相信禱告本身擁有特殊法力，它要不是如上面所說的是個咒語，可以强制上帝按我們的心意來作爲，至少也是一個功德，教上帝大受感動，不得不與我們交易。

想一想，那些積極鼓勵教會學效韓國教會的榜樣，組織晨禱會、通宵祈禱會等主張，是不是很容易陷墮至將祈禱功德化的危機去？筆者相信禱告的重要性，也同意一個復興的教會裏，信徒復興他們的禱告生活，是不可或缺的。但是，我們充其量可以說禱告是教會復興的一個必要元素，卻不能進一步指出禱告與教會復興之間有任何邏輯上的必然關係，認爲祈禱會辦好了，復興就必然隨之而來。若禱告不是使信徒更將思想與關注集中在上帝身上、不是教我們探索上帝的心意，而竟成了教我們成功與發展的「祕訣」，或進而成了博取上帝特殊恩寵的手段，則我們的祈禱，就與天主教徒

念誦玫瑰經全無分別，都是賺取上帝恩典的功德。

祈禱不是我們賴以操縱上帝、逼使祂回應我們的武器，它既不是轄制上帝的咒語，也不是與上帝交換恩典的功德。

依靠上帝而不是依靠祈禱

1. 祈禱與信心的眞僞

要是祈禱不是讓上帝知道我們需要的方法，也不是逼使上帝回應我們的武器，則我們便須淸楚認定，若上帝滿足我們的需要，回應我們的祈求，那也完全是因爲祂有恩典與憐憫，並且是祂自願地顧念我們的無知與缺乏而已，與我們做了多長多懇切的禱告，並無直接的關係。

基督徒必須依靠上帝，卻不要依靠祈禱或任何的作爲。事實上，祈禱與依靠上帝並不是二者等同的一回事，人可以祈禱而同時不依靠上帝。福音書裏，耶穌不是多次譴責法利賽人自義式的祈禱嗎？他們確實是祈禱了，並且慣常作長篇的祈禱，但卻沒有眞箇開放自己，讓上帝自由的、按祂自己的心意去介入、應允，或改變他們的祈求想望。這樣的祈禱，根本就不容許一個主動的、有主權的上帝存在。

正如楊醫生在上述的講道裏指出，祈禱可以變成工具。人需要祈禱，卻不能依靠祈禱；我們要有祈禱的心，卻不要執着於祈禱的活動。千萬不要把祈禱淪爲一個方法、工具，也不要功利化地看祈禱。要是我們把祈禱看成是個本身有效力的工具，或有固定程式的禮儀，則必然地又把祈禱變成咒語了。

怎樣是相信上帝而非相信祈禱呢？且以祈禱醫病作爲例子吧。提倡第三波的醫治事工的人，常常列舉歷代不少信徒均有上帝醫治的見證，例如筆者所宗的宣道會的創辦人宣信(A.B. Simpson)，豈非正是主張神醫，且奉爲「四重福音」之一嗎？[3]筆者在此必須指出，不錯宣信確實强調基督是醫治者，但他卻非常謹慎地在他所著的《先賢之信——四重福音》裏申明，神醫不是靠禱告治療，「禱告根本毫無力量，除非這禱告是出於神自己」；神醫也不是靠我們的信心，「你若然只注目在你的信心上，你就會反過來喪失了信心。」[4]所以，沒有人可以聲稱他擁有醫治的能力，那只能爲醫治的主：基督所擁有；沒有人可以相信透過他的祈禱，別人的疾病就得以痊愈，人萬不能擅作此應許！我們可以爲病人祈禱，但上帝是否醫治，純粹是祂主權範圍之內的事，與我們無關，也沒有任何人獲得了祂治病的代理權。

所以，將宣信與溫約翰在《權能醫治》所說的等量齊觀，實在是混淆視聽。

同樣地，我們須要對上帝有信心，卻不要對自己的信心有信心。不要錯誤地將信心和自己的信念，或對某個渴想的執着混淆。信心不是認定上帝必要做某些事，某些事便能做成，我們迫切要上帝做我們期望的事，這不表示我們的信心很大了，卻只是反映我們執着己見、按己意行事而已（當然，上帝的意思不一定與己意相衝突）。無論如何，聖經裏强調的信心，是對上帝的信靠 (to trust) 與順服，而非心想事成、萬事如意，把我們心裏的盼望藉着某些超自然的力量而予以兑現落實。

明白這個道理，就使我們清楚看出那些主張有信心就諸事皆成、放膽祈求就必蒙垂聽的論調的錯謬。要是信心等同於我們對某個想法的執着、某個夢想的渴求，則精神病患者的信心自然就是最大的了。無怪乎弗洛伊德 (S. Freud) 會把精神病與宗教信仰類同，因爲精神病患者與那些理解信心爲信念的人，都是有一套固定的信念和行爲，並且不肯予以轉變啊！

我們依靠上帝，並不依靠祈禱；我們對上帝信靠，卻非對自己的信念與渴想無限執着。千萬不要視上帝自由的、出自恩典憐憫的供應，視作我們祈禱的機械的、必然的結果。

2.沒有祈禱的技巧

要是我們以爲祈禱本身具有特殊的法力，則我們的祈禱操練和學習，很自然便會傾向於技巧與形式兩方面。我們以爲只要掌握了某種祈禱的方程式，便可以駕馭屬靈的力量，驅使上帝兌現我們的祈求。

但是，聖經卻從來沒有任何祈禱的形式與技巧的教導。耶穌讚賞那個稅吏的禱告，只是簡單的「上帝啊，開恩可憐我這個罪人！」（路十八13）祂也教導我們不可以學外邦人那樣，用許多重複的話，以爲話多了，必蒙垂聽，祂說：「你們不可效法他們。」（太六8）

祈禱的心愈單純愈好，祈禱的內容也是愈簡單直接愈好，千萬不要把祈禱弄得迂迴曲折、架屋疊牀。這裏筆者不能不提到那些鼓吹學效傳統天主教的靈修神學所可能引來的危機，就是把靈修變得複雜和高深莫測，就以祈禱爲例，要是我們如大德蘭(Teresa of Avila)般視祈禱有幾個階段，即最低層次的開聲祈禱(vocal prayer)到思想祈禱(mental prayer)，再到冥想祈禱(contemplative prayer)等等，[5]則不自覺地我們便把上帝推離身邊，放逐至人間之外，只有極少數靈力充沛、擁有高超屬靈深度與祈禱技巧的人才可企及，祈禱乃變得「卓越化」與專業化，而非人人能作，且立時可就、立地便達的信仰生活了。

筆者相信，法利賽人的祈禱知識與技巧，必然較耶穌教導門徒那既簡樸又拙劣的「主禱文」更爲優勝，起碼在關懷的層面更廣闊、意境更高超、用詞更華麗。但是，只有如小孩子般單純的人才能到耶穌跟前去。信靠基督，而非信靠自己的祈禱技巧；認定若非上帝願意俯就卑微的人，垂聽我們的祈禱，則任憑我們的靈力再强勁，也無法把電波傳送至上帝那裏去。

不要把屬靈操練複雜化，也不要把祈禱複雜化。鍛煉願意不住禱告的心志，卻不要尋找高級祈禱的技巧。

「我們本不曉得當怎樣禱告，只是聖靈親自用說不出來的歎息替我們禱告。」（羅八26）

祈禱是甚麼

該是正面描述祈禱是甚麼的時候了。

祈禱是我們跟上帝談話，這是挺自然又發自內心的事，毋須刻意學習仿效。它的基本要求是眞誠，而非技巧。正如約翰所說，只要我們言行一致，活出我們所信的，讓上帝的眞理與我們的生命合而爲一，那我們的心便可以在上帝面前安穩，再不會自我責備，也不懼怕上帝的刑罰，如此我們「……就可以向上帝坦然無懼了。並且我們一切所求的，就從祂得着……」（約壹三18～22）

1. 祈禱反映我們與上帝的關係

爲甚麼說祈禱是自然又發自內心的事？因爲祈禱是我們跟上帝談話，這是每一個跟上帝建立了關係的人都合該有的行爲，正如我們不會跟密友緘默、與配偶噤口無言一樣。關係愈親暱，談話的深度便愈增，要保留或避忌的地方也愈少。對上帝豈不如此？事實上，正因「上帝比我們的心大，一切事沒有不知道的」，所以我們與祂的溝通，根本毋須像我們與配偶或朋友說話時一樣，還要顧慮技巧和表達方式的問題、考慮好不好直截了當地陳明心迹；不！任何包裝對上帝都是不管用的，我們只要心口如一地向祂傾心吐意，說明我們的喜樂、恐懼、徬徨和盼望，像小孩子在他可信靠的父親跟前無所不談般，就是最佳的禱告。

祈禱表達一種關係，代表着我們對上帝的依附和聯繫，這是爲甚麼耶穌在教導門徒禱告時劈頭第一句便是：「我們在天上的父」，沒有這個父子（女）關係爲基礎，任何祈禱都不可能。所以，我們可以大膽的說，一個缺乏祈禱的基督徒，並未曾活出以上帝為上帝、以上帝存在的生活，他的生活與無神論者其實沒有太大的分別。

2. 祈禱表達我們發現自己的不足、自己的缺乏

上文提到祈禱不是讓上帝知道我們需要的方法，在我們尚未開口祈求以先，天父已知道我們的需用。這可能會導致一些人困惑：那祈禱還有甚麼用途呢？當然有用！但這可不是對上帝有用，而是對我們有用；不是上帝須要藉祈禱來明白我們的心思意念，卻是我們須要藉祈禱來反映我們的缺乏與不足的自覺。

人不是自足的，他不能靠自己有限的知識，洞窺宇宙無窮的奧祕；他也不能憑藉自己脆弱的能力，應付生活裏猝然而生的變化。如同費爾巴哈所說，人的自我意識所能掌握的，就是自覺自身的限制和缺乏，他發現自己是依賴性的 (the sense of dependence)。作為基督徒的我們，對這個依賴感當有真切的體會（當然我們毋須接納費氏對宗教的論斷，但設若我們連這個依賴感也不曾存在，則便較一個反基督教者還有所不如了）。

我們感到自身的不足、對上帝的依賴，可並不局限在某些人生的重大變故，或山窮水

盡、走投無路之時，乃是在每時每刻，包括我們事事順遂，一切皆可應付處置時仍當如此。舉一個例，我們不是在做某事時，因準備不足、勉强上陣，才臨急抱佛腳地求主幫助，卻是儘管該事對我們而言是輕而易舉，我們也預先準備充足，仍然認定自己的經驗知識、自己的努力工夫，仍不足以保證結果美滿，倘無上帝的恩典，所有個人的努力，也可以徒勞無功。故此，依賴感不是在人生某些危機時刻才有的感覺，卻是基督徒必須恆常具備的謙卑心態，認定沒有上帝，我們便無法作成任何事，我們時刻需要祂。

一個若在上帝面前眞誠發現自己的鄙陋與不足，眞切抱存自卑而謙卑態度的人，便會成爲常常禱告的人。

3. 祈禱是向上帝順服的表現

正如信心與順服無法分開，祈禱與順服也是相依並存的。

前面已經指出，祈禱沒有操縱上帝按我們的旨意行事，好教我們心想事成的能力。信心不是我們個人的執着與渴想，而是對上帝的信任與投靠。祈禱也一樣，目的並不在逼使上帝按我們的心意來運轉，卻是教我們與上帝的心意相通，齊一步伐。耶穌在客西馬尼園的禱告：「然而，不要照我的意思，只要照祢的意思。」（太二十六39）永遠是我們祈禱的最佳典範。主禱文不也是如此教導我們麼？我們在未爲日用的飲食祈求以先，必須先宣認祈求：「願祢的旨意行在地上，如同行在天上。」

許多人爲了誇大信心與祈禱的作用，便常說我們的祈禱是大有能力的，慈愛的上帝必然會按着我們所求的來給予我們應驗，又說若我們不敢求，便是對上帝沒有信心的表現；求而不得，也是由於信心不夠大的緣故。但是，我們的信心（我再說，這只是我們的執着與渴想）與祈禱，果眞有這麼大的效力嗎？聖經果眞曾作出過應許，說我們祈求甚麼都會予以兌現嗎？

且讓我們看看聖經的說法：

「義人祈禱所發的力量是大有功效的。」（雅五16）

「我們若照祂的旨意求甚麼，祂就聽我們……。」（約壹五14，另參三21～22）

「你們奉我的名無論求甚麼，我必成就，叫父因兒子得榮耀。你們若奉我的名求甚麼，我必成就。你們若愛我，就必遵守我的命令。」（約十

四13～15）

「你們若常在我裏面，我的話也常在你們裏面，凡你們所願意的，祈求，就給你們成就。」（約十五7，並且參照上下文理，這裏所指的祈求，是結果子，參十五16。）

聖經果眞有無條件的保證，說只要我們膽子夠大、期望夠殷、祈禱夠力，便不管所求的是甚麼，都必能應驗、必蒙應允？那些說“You name it, you claim it, and you gain it”的人，到底有甚麼聖經根據？那些說「若你願意，請醫治我」爲缺乏信心的禱文的人，到底本身是否胡說八道、妄稱上帝的名？

事實上，許多眞實的信徒，都可以在他們的信仰生活裏，經驗到在禱告中被上帝改變心意。我們求餅，卻得來「石頭」，起初我們爲此憤憤不平，向上帝揮拳，及後才逐漸發覺原來我們過去認爲是餅的，才是眞箇的石頭，上帝供應我們的，反倒是不折不扣的餅呢！因此，在禱告時，我們必須小心不要拚命自說自話，藉此自我催眠，不斷强化自己的信念，卻要預留空間，容讓上帝不按我們的議程，不照我們的訂單，來對我們說話，照祂的旨意來供給我們眞正的需用。

祈禱離不開順服，沒有順服，就沒有眞正

的祈禱。

4.靠着聖靈祈禱

與順服相關的是，聖經多次提醒我們，要靠着聖靈來祈禱，譬如以弗所書六章18節說：「靠着聖靈，隨時多方禱告祈求。」

怎樣才是靠着聖靈來祈禱？這可以有非常豐富的含義，但證諸以弗所書，則必然地與順服上帝的帶領有不可分割的關係。

聖靈是誰？祂是使我們接受福音、順服耶穌的那位（一章13節提到接受聖靈的印記），藉着祂，我們得以進到父的面前（二18）。我們被聖靈建造成上帝的聖殿靈宮，合乎祂的心意，容讓祂臨格居住（二22）。由於我們柔和謙卑，不憑己意行事，便可以藉聖靈賜我們與別的信徒合一團契（四3）。最後，聖靈的寶劍就是上帝的道（六17）。

最後一點尤其值得我們注意，特別對那些將聖經與聖靈對立，指責傳統教會過分注重聖經，輕忽上帝今天的啓示（是誰敢將聖經淪爲有時限性、上帝「昔日」的啓示？）的言論，保羅的說法實在是當頭棒喝。

無論如何，靠着聖靈祈禱，就是讓聖靈改變我們的心思意念，而非改變上帝的心思意念；是我們改變迎合上帝的心意，而非上帝改變迎合我們的心意。祈禱不是期望上帝在我們身上施行我們預定的神蹟，卻是努力發掘上帝已在我們身上實現的神蹟。

註釋

1. 參薛頓醫生 (Dr. Philip Selden) 對葡萄園事工在九〇年三月於澳洲悉尼市舉行的「屬靈爭戰大會」的報導。收 Philip Jensen and Tony Payne, eds., *John Wimber: Friend or Foe?* (London: St. Matthias Press, 1991)（中譯：梁家麟譯《溫約翰——是友是敵？》，香港：福音出版社，1992）。

2. 「基督療法」(Christotherapy) 是首先由 Bernard J. Tyrrell 提倡的（雖然他承認主要是受 B. Lonergan 及 T. Hora 所影響），其基本概念是利用 Viktor Frankl 的「意義療法」爲骨幹，然後把基督信仰置放其中，成爲爲病患者提供生存意義、生活目標，以至排除個人精神困擾的一個工具。參氏著 *Christotherapy*, *Christotherapy II*, (Paulist Press). 另參 E.N. Jackson, *The Role of Faith in the Process of Healing* (London: SCM, 1981). 至於有關「內在醫治」的講論，已有不少提倡者予以介紹，讀者可參考 John and Paula Sanford, *The Transformation of the Inner Man*(Tulsu: Victory House, 1982)，又臺灣《校園雜誌》一連五期的介紹，載三十二卷四期至三十三卷二期，1990 年 8 月至 1991 年 4 月。

3. 參劉達芳：《天國與神蹟奇事》（Sunnyvale：福音證主協會，1991），頁 50。

4. 宣信著，華密譯：《先賢之信——四重福音》（香港：宣道出版社，1987），頁 38。

5. 參 Teresa of Avila, *Interior Castle*, (New York: Doubleday, 1961).

附錄三

憑誰意行？——一個理性的屬靈抉擇

許立中

憑誰意行？對基督徒來說，這的確是個非常重要的課題；在這課題上有任何偏差，所涉及的就不單是他在教會的「事奉」或狹義的「宗教」或「靈性」的生活，舉凡一切有關個人前途、擇偶、擇業等人生大事，以至於每日所遇見的大小抉擇，無不直接或間接牽涉到「上帝旨意」的問題。我大膽斷言，「多少平安屢屢失去，多少痛苦白白受」，皆因對這課題沒有一個清晰的定見。

閱畢家麟兄的《憑誰意行？》，挑起我大學時代涉獵過的一大堆舊檔案：依拉斯姆(D. Erasmus)與馬丁路德就人的「自由意志」的爭論、亞米紐斯(J. Arminius)對加爾文有關「預定」與「揀選」的質疑，以至當代同屬改革宗信仰傳統的大師范岩(C. Van Til)與克拉克(G. Clark)對「上帝的理性」與「人的理性」的延續性(continuity)的爭議*。……倘若要在學術理論的層次上釐清這堆東西，恐怕不是這個長度的小書可以處理。

但觀乎全書的行文形式，明顯地作者亦十分了解自己的處境，故此用的是牧者對信徒的諄諄教導；就是學術味比較濃的辯釋，主要亦只是放在章末的註釋部分，或在牧養(pastoral)的前提下帶出（表現於對其他信仰觀點批判有加，對福音派傳統則只稍加說明而沒有同等尖銳的質詢）。事實上作者在開始不久，就「坦白」自己對問題的神學立場（頁17），其後神學理論的引證，我看主要還是要平息長者同道的疑慮；所以相對於這本書的「初稿」（「如何尋求上帝的旨意」，《時代論壇》236及237期），正如作者自己說：「……八千字擴增至五萬多字，論點完全沒變，就是多費了脣舌。」（頁ⅵ）不過，對於思想較爲複雜的年青信徒，這堆辯證還是有它不能取替的示範價值的。

憑誰意行？答案就在第八章的「結語」部分（頁105～106），甚至八千字也不用，不消兩分鐘就有分曉。結論是理性而「傳統」的，但作者明白到，正如人生一切重要的抉擇，眞正的關鍵很多時並不在結論本身，而在怎樣得出以及如何理解這些結論。事實上這本小書的功用，正是在於掃除依附於這些結論上種種因過分簡化而產生的誤解。所以與其問是否需要用五萬多字去帶出這幾百字的結論，不如說這幾百字的結論的價值正是在於這五萬多字的「註釋」。

＊註：有關改革宗加爾文傳統本身對「上帝的理性」與「人的理性」的延續性的不同見解，可參考 Reymond, R. L., *The Justification of Knowledge,* Presbyterian and Reformed Publishing Co., 1976，特別是頁 98 ~ 114; Nash, R. H. ed., *The Philosophy of Gordon H. Clark —— A Festschrift,* Philadelphia: P & R Publishing Co., 1968，特別是頁 125 ~ 175, 頁 294f; Geehan, E. R. ed., *Jerusalem and Athens —— Critical Discussions on the Philosophy and Apologetics of Cornelius Van Til,* Nutley: P & R Publishing Co., 1977，特別是頁 321 ~ 327。

梁家麟作者簡介

梁家麟，香港出生，成長。八〇年代畢業於香港中文大學歷史系，分別獲文學士、哲學碩士，及哲學博士學位。後赴加拿大維真神學院攻讀神學，獲基督教研究文憑及道學碩士學位。畢業後曾任《突破雜誌》執行編輯，現任香港建道神學院院長。

其著作有《憑誰意行？》、《另一種信仰？》、《無言上帝的僕人》、《凡人的祈禱》、《憤怒的一代》、《信仰答客問》(與許立中、吳思源合著)、《信主之後》、《吳耀宗三論》、《走過從前》、《華人宣道會百年史》、《改革開放以來的中國農村教會》、《建道神學院百年史》、《華人傳道與奮興佈道家》、《神學研究指南》、《福音與麵包》、《我與誰親咀》、《與你何干？》、《少數派與少數主義》、《五十年代三自運動的研究》、《基督教會史略》、《他們是為了信仰》、《化裝的基督》、《信訂一生》、《追求成長》、《信仰不是講感覺》、《人間信仰》、《倪柝聲的榮辱升黜》等。

信念再思叢書 慎思明辨，探求真相

梁家麟書系

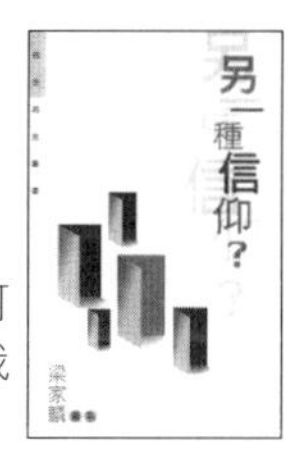

另一種信仰？

梁家麟 著／ HK$48

信仰本來便是一場冒險和掙扎，沒有任何必然性可以成為我們穩妥的把握。面對「危險」的信仰，讓我們看見自己的虛偽和驕傲。

憑誰意行？

梁家麟 著／ HK$53

神真願當木偶師？祂造人的心意只是希望多一大堆木偶來把玩扯弄？人必須正視和反思自己的責任和角色。

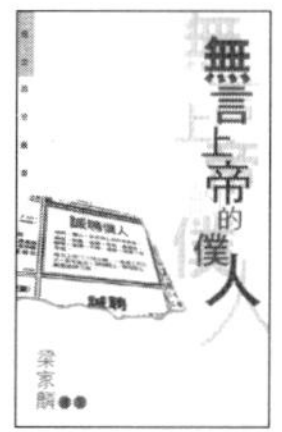

無言上帝的僕人

梁家麟 著／ HK$53

我們似乎揣摩不到上帝的作為，面對沉默不語上帝，我們仍需承擔歷史責任、尋索上帝在生命裏的個別作為，面對挑戰。

凡人的祈禱

梁家麟 著／ HK$53

基督徒是否真能藉祈禱與上帝契合？怎樣的祈禱才是有效而合法的呢？作者站穩在改革宗的立場分享「凡人」見解。

殉道，沉默之歌——從馬可福音再想像門徒之道

To Share in the Body:
A Theology of Martyrdom for Today's Church

霍維 (Cragig Hovey) 著／傲賢 譯／ HK$88

雞毛蒜皮的信仰（二版）

許立中 著／ HK$68

我們沒有敵人——暴力世界中的復和使者

Living Without Enemies:
Being Present in the Midst of Violence

韋爾斯 (Samuel Wells)、
瑪西婭．歐文 (Marcia A. Owen) 合著
陳永財 譯／ HK$78

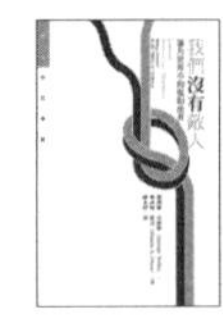

暴力世界中的溫柔

Living Gently in a Violent World:
The Prophetic Witness of Weakness

侯活士 (Stanley Hauerwas)、范尼雲 (Jean Vanier) 合著
陳永財 譯／ HK$53

權力與激情

Power and Passion:
Six Characters in Search of Resurrection

韋爾斯 (Samuel Wells) 著／陳永財 譯／ HK$73

為這星期五感謝神——於現今世代再思十架七言

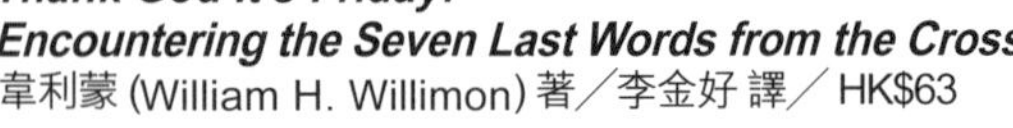

Thank God It's Friday:
Encountering the Seven Last Words from the Cross

韋利蒙 (William H. Willimon) 著／李金好 譯／ HK$63

緊扣時代 服事教會

以文字傳揚基督真道

讀者意見表

衷心多謝你購買本社書籍。本社一直致力以出版事工服事教會，幫助信徒扎根於神的話語，促進靈命增長。為使我們的出版更能滿足你的需要，請填寫下列各項資料，並寄回或傳真予本社。

所購書籍：______________________

本書最吸引你的地方：

□作者 □適切性 □文筆 □設計 □實用性

□其他：______________________

購買本書地點：

□基道書樓 □基督教書店 □非基督教書店

性別：□男 □女 職業：______________

信仰：□基督徒 □非基督徒

年齡：□ 16 歲或以下 □ 17～25 歲 □ 26～35 歲

□ 36～55 歲 □ 56 歲或以上

學歷：□中三或以下 □中五 □預科

□大學 □研究院

□我欲更多了解基道出版社的事工及考慮支持，請寄給我下列資料：

□機構簡介 □新書資料 □基道會員通訊

□《基道文字事工通訊》

姓名：______________________ 電話：______________

地址：______________________

____

傳真：______________ 電子郵件：______________

其他意見：______________________

____

多謝賜教！

意見表可以傳真（2687-0281）或直接郵寄以下地址：
香港沙田火炭坳背灣街26號富騰工業中心1011室
基道出版社編輯部收